「魂の道」を行けば、ソウルメイトに必ず出会える

奥平亜美衣
Amy Okudaira

すばる舎

○はじめに

前作『宇宙から突然、最高のパートナーが放り込まれる法則』に引き続き、本書『魂の道を行けば、ソウルメイトに必ず出会える』をすばる舎さんから刊行できることを嬉しく思います。

前作を読んでくださった方から、「本当に最高のパートナーが放り込まれた」と、たくさんの喜びの声をいただきました。

本書では、さらに踏み込んで、そもそもどうして人は恋愛や結婚をするのか、また、魂の視点から見た恋愛・結婚についてなどもくわしく書いていきたいと思います。

私自身の話になりますが、2015年に前作を出してから今までの間に、離婚を経験しています。その経験により、パートナーシップとは何なのか、結婚とは何なのか、さらに理解を深めることができました。恋愛、結婚、離婚、すべてを経験してきましたが、経験したからこそわかったことがたくさんあります。

前作を書いた時点で、すでに元夫との間の学びはスタートしていたのですが、そのときにはまだわかっていなかったことがたくさんありました。本書ではそれらをすべて盛り込みました。

本書では「引き寄せの法則」をベースに、幸せな恋愛や結婚の引き寄せ方をお伝えしていきますが、ただ、パートナーをゲットしたり、結婚さえできればそれでいい、というような表面的なテクニックは書きたくない、という思いがあります。

なぜなら、それは本当の意味で本人のためにならないからです。

本書は恋愛・結婚についてだけの本ではなく、恋愛・結婚を通じて本当の自分を生きるため、自分の人生を自分で選び取るため、魂の望みを実現させるための本です。

恋愛や結婚というのは、ただの惚れたはれたではなく、魂の視点から見ると、学びや気づきという深い意味があるのです。

内容的に前作と重複するところもありますが、当時より私自身の理解と確信も深くなっていますので、その分、読んでくださっているみなさんにも伝わるものがあるのではないかと思います。

ひとりでも多くの方が、本当に望んでいるパートナーに出会い、喜び溢れるパートナーシップを築くこと、そして、自分らしい人生を引き寄せて魂を成長させていかれることをいつも願っています。

Amy Okudaira

CONTENTS

第2章

いい恋愛を引き寄せる自分の愛し方

第3章

「魂の道」でソウルメイトが待っている

CONTENTS

CONTENTS

第4章

宇宙に思いが届く！願いの叶え方

CONTENTS

CONTENTS

ブックデザイン　西垂水敦・市川さつき（krran）
イラスト　水元さきの
編集担当　林えり（すばる舎）

第1章

人は「自分自身を知る」ために出会う

恋に落ちる本当の理由

◯「自分の可能性」を相手の中に見ている

これまでの人生の中で人を好きになったり、お付き合いしたりしたことがあっても、そもそも人はなぜ恋愛や結婚をするのか、ということまで考えたことがある方は少ないかもしれません。


今、好きな人はいますか？

もしいるならその人を思い浮かべてください。

もし、好きな人がいなければ、自分はどういう人が好きなのか、今一度考えてみてください。

どうしてその人をいいな、と思ったのでしょうか？

見た目が好みだから
仕事ができてかっこいいから
とにかく優しいから
話をしていて楽しいから

いろいろ理由があると思いますが、その奥にはさらに本質的な理由があります。

実は、**誰かに惹かれる本当の理由は、「魂の気づき」のため**なのです。

たとえば、あなたの中で「まだ目覚めていない自分」「本当の自分」「あなたの魂が求めている自分」と言えるものを、その人の中に見つけたという場合。

あなたの中にそのタネがあるのに、まだ発芽して開花していない自分を、その人が見せてくれているということです。

このように、自分の中に眠っている「可能性」が実現した姿を、相手の中に見ているのです。

人を好きになることで、「本当の自分」「魂の自分」を見つけられるということ。

つまり、**「あなたは、大好きなあの素敵な人と同じくらい素敵な人なんですよ」という魂からの知らせ**でもあります。

好きな人ができたら、その人につり合う自分になれるように何かに取り組み始め、どんどん成長していく方も多いと思います。

誰かを好きになると、その人との関係性の中で成長していきます。

つまり、自分が成長していくために、人を好きになり、恋愛するようにできているのですね。

自分の眠っている可能性を目覚めさせ、成長させてくれるもの、それが恋愛なのです。

とくに好きな人がいないという人は、今はパートナーシップを通じて学ぶ時期ではなく、人間関係や仕事など、別のことを通じて学ぶ時期です。

好きな人がいない、出会いがない場合については、後章でくわしく説明していますが、時期が来たら必ずいいなと思う人が出てくるので、安心してくださいね。

○気づかなくてはいけない何かがある

人との出会いは、「気づかなくてはいけない何か」があり、それに気づくために出会う、ということもよくあります。

とくにパートナーシップにおいては、最初は大好きで付き合い始めたり、結婚したりしたとしても、ずっとそのまま順風満帆というようなことはほとんどなく、なんらかの問題が起こることが大半です。

どうしてそうなるかと言うと、その問題が起こることで、自分自身と相手に向き合わざるを得なくなり、その中でさまざまな学びがあるからです。

どんな学びかはもちろん人それぞれなのですが、共通しているのは、「本来の自分自身に戻るための学び」であり、「本来の自分自身を愛するための学び」です。

いずれにせよ、**あなたが経験するものすべてに、「より自分自身を知る」という魂の学びが隠されている**のです。

人生にとって必要のない人があなたの目の前に現れることはありません。

「自分の可能性をそろそろ目覚めさせないといけない」「気づくべき何かに気づかなくてはいけない」というぴったりの時期に、目の前に出会うべき人が現れるようになっています。そして、その相手は、魂で約束を交わしている「ソウルメイト」のひとりです。

あなたがもし誰かにはっきりとした特別な感情を抱くのなら、そこには、自分の魂に関わる大事なことが隠されているということ。

だから、誰かを好きになる気持ちに敏感になり、大切にしてくださいね。

意味なく、恋愛や結婚という事象が起こるのではなく、すべて意味があって起こっているのです。

◯13年間続いた婚姻関係を解消

私自身、恋愛や結婚は魂の学びのために起こるということを、元夫との結婚生活、そして離婚という経験の中で気づき、学びました。

２０１８年の末に、13年続いた婚姻関係を解消することになりました。

出会ってから最初の10年弱は、私たちは本当に仲が良かったし、なんの問題もなく結婚生活を送っていたのですが、今から6年ほど前、ちょうど最初の本が出たあとあたりから、小さなズレを感じ始めていました。

それ以前、私は貿易商社で会社員をしていましたが、スピリチュアルの世界に出会い、本を書くという仕事をするようになり、やっと「自分の魂の道を歩いている」という確信や、日々の充実感を得られるようになりました。

「魂の道」に入ると、さまざまなことがスムーズに進み始めました。

仕事はどんどん軌道に乗り、執筆依頼や講演依頼が途切れることはありませんでした。国内のみならず、海外に呼ばれて行くことも何度もありました。

そうして、どんどん「自分自身の道」を突っ走っていきたい私と、それについて来れずに現状に立ち止まる夫、という関係になってしまったのです。

私の魂の興味はどこまでも果てしなく、仕事だけでなく、これまで以上にいろいろな場所に行きたくなり、交友関係も広がって、元夫とはどんどんズレていきました。

以前の私は「本当の私」を偽っていたので、本当の私に戻ったときに関係性が変わっていくのは必然と言えば必然です。


そして、そのうちにひとつ問題が起きました。

元夫が仕事を辞め、働かなくなったのです。

彼が仕事を辞めたのは、日本からバリ島へ移住するから、という名目でしたが、バリ島へ移住してからも、一向に定職に就く気配はありませんでした。


バリ島の一般的な仕事の給料は、日本の5分の1〜10分の1程度です。

日本で10年近く仕事をしたことのある元夫にとって、金銭面でのモチベーションが上がらないのも理解はできました。

しかし、仕事の喜び、自分の人生を自分で創造していく喜びがますます大きくなり、それにともなって経済的な見返りもどんどん大きくなっていった私と、お金にならないから仕事をしたくない、という元夫とのエネルギーは離れていくばかりで、溝は深まるばかりでした。

元夫の仕事に対する態度に疑問を抱きつつも、経済的には私の収入のみでも問題がなかったため、やり過ごしていたのですが、そんな中、元夫との関係について向き合わざるを得ない、決定的な事件が起きました。

プライベートなことになるので詳細は省きますが、そこからは元夫との関係について、向き合わざるを得ませんでした。

そしてそれは、「自分自身と向き合う旅」の始まりだったのです。

男性をライバル視していた過去

○「いい結果を残す」ことが父親に愛される術だった

私は若い頃からずっと、自分の「女性性」を封印して、「男性性」を使って生きてきたようなところがありました。

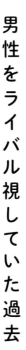

学生時代は「勉強しかしてこなかった」ような時期を過ごしていたのですが、その頃は、男性と女性を分けて考えることもなく、男性は「ライバル」という位置づけでした。仕事をするようになってもそれはあまり変わりませんでした。

父親は、私が学校でいい成績を取るなど、優等生であればあるほど褒めてくれました。「いい子でがんばっていい結果を残す」ということが父親に愛される術だったこともあり、それが私の男性性（がんばって物事を成し遂げるというような性質）を使って生きるようになるきっかけだったと思います。

また、私は3人姉妹の長女であり、近くに住んでいた父方のいとこも8人全員女、という環境で育ったので、男性に対しての理解が進みにくい環境でした。

今でこそ、男性は自分のがんばりを認めてもらいたかったり、頼られたい生き物であり、そうした男性を尊敬し好きになる女性の気持ちも理解できるのですが、当時はまったくわかっておらず、自分自身が男性のように振る舞っていたし、男性と張り合っていたのです。

そして、その状況は私にとって心地よかったのです。無意識ではありますが、私は自分が男性のようにいられることに心地よさを感じていたのです。

その後、24歳のときにはじめて、インドネシアの地に渡り、そこに住むことになりました。インドネシアに住むことになったのは、直感に導かれて、としか言いようがありません。

そもそも、人生のどこかの時点で外国に住む、というのは子どもの頃からなんとなくわかっていたのですが、最初は英語の勉強も兼ねてイギリスに住んだのです。

しかし、渡英して2カ月も経たないうちに、住んでいたシェアハウスのオーナーに、この家を売却するから出て行ってと言われ、別の家を探すことになりました。

その引っ越し先の大家さんは黒人女性だったのですが、あまりの文化のちがいになかなか意思疎通が難しく、だんだん居心地が悪くなっていきました。

おまけに、食べ物も合わないし、物価も高いし、天気もずっと曇り気味。さらには、銀行口座を開くことさえ難しかったのです。また、英語以外に学びたいことがあって、学校へ行こうとしたのですが、そこには入れませんでした。

そうこうするうちに、だんだん、**「私の居場所はここではない」**と思うようになりました。そして、「アジアだよ、アジアだよ」というメッセージとも直感とも言えるようなものが、私の頭の中に響くようになったのです。

そのときは若かったこともあって、あまり迷うこともなく、アジアに行こうと思いました。そうしたら、なんと、バリ島での仕事が舞い込んできたのです。

○引き寄せられるように、バリ島へ

当時は引き寄せの法則なんて何も知りませんでしたが、今考えると引き寄せ以外の何物でもありません。そうして、バリ島に移り住みました。

その頃、バリ島のあるインドネシアは、現地の人の一般的な仕事の給料が月3千円ほどでした。「こんな世界があるんだ」と、そのことにまずとても驚きました。

そして私は、幸せってなんだろう？　仕事ってなんだろう？　お金って何なんだろう？ということを否が応でも深く考えるようになりました。この経験は、今の私の仕事にとって、とても重要なものとなっています。

そして私は、「日本人として生まれただけでとても恵まれていること。日本人として、貧しい国に生まれた人に何かしてあげなくてはいけない」と強く思うようになっていったのです。

今なら、「困難な環境に生まれてくる場合でも、その人自身の魂の思惑によって、その人に必要なことを学べる環境に生まれてきているのだ」と理解していますが、当時はわかりませんでした。

そして、もともと男性性優位で生きてきた私は、「何かしてあげなくてはいけない」という男性的な思いをますます強めていったのです。

元夫を引き寄せた裏にあったもの

◯自分が主導権を握りたかった

バリ島に住むようになって2年後くらいに、元夫に出会いました。

元夫の働いていたバーで出会って（元夫は、インドネシアのバーテンダーコンペティションで優勝したこともあるバーテンダーだったのです）、すぐに付き合うようになり、1年後には結婚、という至って普通の道を通って結婚することになりました。

その頃の私は「やってあげることこそ善だ」という考えで生きており、その流れで結婚相手を引き寄せていたのだ、ということが今振り返るとよくわかります。

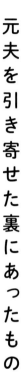

それだけでなく、自分が主導権を握って引っ張っていける相手を選んでいました。

また、これまで男性性優位で生きてきた私にとって、女性としての自信のなさから、

「やってあげないと愛されない」というような歪んだ価値観も持っていました。

もちろん、当時はそんなことにはまったく気づいておらず、すべて無意識です。

表面的にはお互い好きで結婚したのですが、深く探っていくと、そこには裏の理由があったのです。

私が元夫と結婚した裏の理由が理解できるようになったのは、スピリチュアルや引き寄せの法則などを知ったあとです。その中で、男性性、女性性、という考え方にも出会い、そのことについて考えるようにもなりました。

そこではじめて、私はずっと男性性を前面に押し出して生きてきたということ、そして、私と元夫との結婚は、身体上は私が女性で元夫が男性だけれど、中身は私が男性で元夫が女性だった、ということに気づきました。

それがよく理解できたところで、私は急に女性として生きたくなったのです。

以前は、男性性を使って生きることが心地良かったのですが、それは生まれた環境によって形成された「偽りの自分」を生きていたから。

「本当の自分」に戻ったところで、私のそもそもの性である「女性」として生きたい、と強く思うようになりました。

引き寄せの法則を知り、「受け取って生きる生き方」を学んだ影響も大きいです。

そうしたら、今まで私が男、元夫が女でバランスが取れていた関係が、女同士になってしまい、変わらざるを得ませんでした。

結局のところ、私は自分自身を偽っており、そんな自分を保つために最適な相手を無意識に選んでいたということ。相手への純粋な愛ではなかったのです。


私のケースのように、「愛」以外の理由で結びついている結婚もとても多いものです（もちろん、愛がまったくなかったわけではありません。今でも元夫のことは人として友人として、とてもいい人だと思っています）。

しかし、それが悪いということではなく、すべては学びです。

いずれ結婚生活の中で「愛とは何か？」に向き合う時期がやってくるので、そこで学べばいいのです。

私自身も、結婚関係の中で愛とは何か、女性とは男性とは何か、どうして恋愛・結婚するのか、ということを学んだひとりです。

○責める意識がなくなったとたん、状況が一変

前述の通り、元夫はバリ移住とともに仕事を辞め、働かなくなったのですが、私がこの裏の理由に気づいたとき、元夫が働かなくなった理由もわかりました。

私は、自分がやってあげなくてはいけない、がんばらなくてはいけない、引っ張っていかなくてはいけない、と思っていて、元夫はその私の願いを叶えてくれていたのです。

それに気づいたとき、**この世は常に自分の願いが叶うようにできている**、ということについて改めて深く納得しました。

私の周囲の女性を見渡しても、いわゆる「できる女性」、つまり独立して成功したり、大企業でバリバリ仕事をこなしたりしているような女性たちは、多かれ少なかれパートナーについて同じような悩みを持っています（もちろん、全員ではありません）。

自分自身ががんばりたいという思いを持っていると、どうしてもがんばらせてくれる男性、がんばる状況をつくってくれる男性を引き寄せてしまうのです。

私の場合、元夫が働かなくなった原因が自分にあると気づいたとき、元夫を責める思考は一切消えました。

それまでは、働かない元夫が悪い、と文句や愚痴ばかり言っていたのですが、自分に原因があるということに心の底から納得したのです。

そこで、私の思考と波動が一気に切り替わったこともあり、1カ月もしないうちに、元夫は働き始めるようになりました。

学びの先にあった、「離婚」という選択肢

○出発点が「純粋な愛」ではなかった

このように現状が変わった、問題が解決した、ということは、私の中でひとつ学んだ、気づくべきことに気づいた、というサインです。

元夫が働くようになって、抱えていた問題は消えたのだから離婚しなくてもよかったのではないか、と思う人もいるかもしれませんが、その間に得た学びや気づきは消えません。

実際、学びが終了したら、離婚するかしないかを選べる段階に入ります。

離婚問題で何年も揉める夫婦はたくさんいますが、それはまだその人との間の学びが終わっていないよ、というあきらかなサインです。

私の場合、自分自身の生き方と元夫とのズレが起こり始めたときから、離婚を考えるようになっていましたが、決心したのは自分が結婚した本当の理由を知ってしまったこと、つまり、出発点が純粋な愛ではなかったのだな、と気づいてしまったことが一番大きいです。

そして、私のほうから離婚を申し出、結婚という関係に終止符を打つことになりました。

元夫と問題が起き始めてから離婚を決心するまでの間に、私の今世の魂のテーマは「愛について経験し、学ぶこと」である、と知る機会がありました。

だからこそ、その過程で必要なことだったと今は深く納得しています。そして、私の学びはこれからも続いていくでしょう。学ぶべきことを学び、今の状況を改善させたから、次へと向かうことができたと思っています。

数年前までは、自分が人生において離婚という選択をするなんて思いもよりませんでしたが、これも、魂の道筋の上にあったことなのだと今は心から納得しています。

結婚相手を間違ったとか、無駄な時間だったということはまったくなく、ただ私の

人生において、私の学びに必要な結婚と離婚が起こっただけです。

そして私は、この結婚生活において学ぶべきことを学んだのです。

○元夫は愛と学びを与えてくれた魂の協力者

離婚を決心するまでは大変なこともありました。

固い家庭で育ってきたので、結婚したら添い遂げるものだとか、離婚なんてとんでもない、というような考えがなかったわけでもなく、そこは私自身、とても葛藤しました。しかし、先述の通りに、もともとの出発点が間違っていたということ、そして私の今の一番の望みである、「自分の魂に沿った選択、愛による選択をしたい」という思いは譲れませんでした。

ちなみに、私には娘がひとりいますが、子どもについてはまったく悩みも心配もしていませんでした。母親と子ども、父親と子どもという関係は離婚しても一生変わらないからです。そしてその思いの通り、離婚してからも子どもはなんの問題もなく、健やかに育っています。

決心してしまうと、心情的、条件的にもまったく揉めることなく、すんなり離婚ということになりました。学びが終了していたら、ことはすんなり運ぶということを身を持って体験しました。
元夫の魂も、すべてわかって受け入れてくれた、私にたくさんの学びと愛を与えてくれた、素晴らしい魂の協力者だと思っています。
私にとって離婚は、また一歩階段を登った出来事であり、登った先には新しい希望に満ちた世界が広がっていました。
離婚後はますます伸びやかな空気を感じながら、仕事にも、私生活にも邁進しています。

結婚は「魂の縁」

◯お互いの魂の目的を果たすために出会う

恋愛や結婚は、「自分という魂を知るために起こる」と言いましたが、つまり**結婚とは「魂の結びつき」**なのです。

「結魂」というような漢字が使われることもありますが、これはまさに、本質をよく表していると思います。

誰もがそれぞれ、生まれてくる前に自分で決めてきた魂の望み、テーマと言えるべきものがありますが（拙著『「魂の望み」を引き寄せる』廣済堂出版　参照）、お互いの魂の目的を果たすために、出会い、学び合い、成長していきます。

そのために必要なのが「結婚」という関係なのです。

結婚している方はよくわかると思いますが、**配偶者というパートナーほど、自分を成長させてくれるものはない**でしょう。

そして、その相手というのは、魂のつながったソウルメイトのひとりであり、そもそも今回の人生で出会って関係を持とうと決めてきた人であり、縁がある人です（そうした結婚候補となる縁のある人が、ひとりではなく複数います）。

逆に言うと、その縁がなければ結婚には至らないことになります。

私の周りにも既婚の友人がたくさんいますが、結婚した理由は、旦那さんにピンときたからという人もいますし、子どもができたから（結婚する縁があるから、ちょうどいいタイミングで子どもがやってくる、というケースも多いのです）など、理由はさまざまですが、共通するのは、**「その人と結婚することになっていたような感覚」を持っているということです**。改めて考えると、なぜ結婚したかよくわからないけどそうなった、と振り返る人もたくさんいます。

形の上では、恋愛の延長線上に結婚があるように思いますが、もちろん、すべての恋愛の先に結婚があるわけではありません。

逆に、まったく恋愛感情なしに結婚した、というケースも意外と多いと思います。**魂の時点で決めてきた縁があるからこそ、結びついてしまう**のです。

縁があって結婚しても、学びが終了すれば離婚するケースももちろんありますが、そういう場合でも、そのときその人の魂にとってその結婚が必要だから結婚することになったわけです。

結婚とは、魂の縁であり、お互いにとっての学びなのです。

○結婚＝幸せではない

結婚すれば幸せになれる、そう考えている女性は多いように思います。

また、結婚してこそ一人前、結婚したら（親や世間から）認めてもらえる、と思っている人も多いでしょう。

もちろん、大好きな男性と結婚し、人生を共にしていくことは素敵なことですし、私も今後、「この人だ」と思えるような人が現れたら結婚したいと思います。

ただし、結婚さえすれば幸せになると考えているなら要注意。

結婚したら幸せとか、認めてもらえると考えている場合、結婚していない今の状況は不幸だ、満たされていないと思っているので、不幸で満たされない状況を引き寄せ続けてしまうからです。

「引き寄せの法則」は、引き寄せたいものを引き寄せる法則、ではなく、「今の自分と同じ波動ものを引き寄せている」という宇宙法則です。

もし、「どうしても結婚したい」「結婚したら幸せだから」というような思いがあるとしたら、まずはその考えを改めていかなくてはいけません。

結婚したから幸せ、ということはありません。

幸せは、目の前の現実の中、毎日の生活の中で、自分自身が見つける以外には見つからないものだからです。今、あなた自身が幸せならば、幸せな結婚を引き寄せることができますが、そうでないなら、引き寄せられないのです。

結婚していても、していなくても、幸せは自分次第です。

第2章

いい恋愛を引き寄せる自分の愛し方

目の前の生活に幸せを見つけていく

○恋愛や結婚を引き寄せるために、一番大切なこと

恋愛・結婚の引き寄せについて興味がある方は、「いい人をゲットして彼に幸せにしてもらおう」「結婚して幸せになろう」と思う人も多いかと思います。

でもここで、大事なことをお伝えしておかなくてはなりません。

幸せな恋愛や結婚を引き寄せるためにもっとも大事なことは、まず「私が私を幸せにする」、そして「私が私を愛する」ことなのです。

前章でも書きましたが、彼に幸せしてもらおう、結婚して幸せになろう、としているうちは、幸せになることはできません。

前作『宇宙から突然、最高のパートナーが放り込まれる法則』では、このことを中心に書いていますので、まだお読みでない方は、ぜひ読んでいただきたいと思います。もちろん「今幸せ」なあなたに彼氏ができて、一緒にさまざまな経験をすれば、もっと幸せを引き寄せることができます。でも、「今幸せでない」あなたが、いくら彼氏ができたり結婚したりしたところで、幸せになることはできないのです。

この宇宙全体を支配している引き寄せの法則により、あなたが今発している波動と同じものを引き寄せ続けるからです。

幸せを決めているのは、「幸せを選択しているかどうか」「毎日の生活の中に幸せを見出しているかどうか」であって、彼氏がいるかどうか、結婚しているかどうかとはまったく関係のないこと。彼氏がいても、結婚していても、全然幸せでない人はたくさんいることからもそれはわかると思います。

幸せな恋愛や結婚を引き寄せたいのであれば、まず、**恋愛や結婚に関係ないところで、「幸せな私になること」**が必要です。

自分の人生が幸せかどうか、それを自分以外の誰にも委ねないことが大事。

あなたがあなたを幸せにすることは、あなた以外、他の誰にもできないことなのです。

○自分で自分を幸せにする

自分で自分を幸せにすること、毎日の日常生活の中で幸せを見つけていくことは、最高の人生を引き寄せていく上で基本中の基本です。それ以外に幸せになる方法はなく、恋愛や結婚においても、それは同じです。

引き寄せの法則の基本については、本書でもご紹介していきますが、くわしく知りたい方は、拙著『「引き寄せ」の教科書』（Ｃｌｏｖｅｒ出版）をお読みいただければと思います。

どんな物事にも、いい面と悪い面の両方があり、いい面を探して自分が幸せを感じることができるかどうか、それで幸せは決まってきます。

それと同時に自分の魂が喜ぶことをたくさん行動にうつし、どんどん心を元気にしていきましょう。

今、十分に幸せを感じていて、素直に軽やかに望みを放つとき、その願いは簡単に届きます。そんな状態のとき、なんでも引き寄せ放題なのです。

そして、**自分自身で幸せになることができる、ということが心の底からわかれば、恋愛がうまくいかなくても、彼がどうだろうと、怖くなくなります。恐れを手放すことができる**のです。

あなたが本当に幸せなパートナーシップを引き寄せることができるのは、このような状態のときです。

コンプレックスで自信を失っている人へ

○恋愛がうまくいかないのは魅力がないからではない

片思いが実った試しがない、いつもフラれてばかり、誰も自分を愛してくれる気がしない、彼氏が大事にしてくれなかった……恋愛に対して自信がなくなってしまう経験がある方も多いのではと思います。

まずはじめに声を大にしてお伝えしたいのは、そのようなことが起こった原因は、あなたに女性として魅力がなかったからとか、何か悪いところがあったから、でもありません。なぜなら、魅力のない人なんていないからです。

恋愛がうまくいかない理由はただひとつ。

あなたが自分自身を愛していなかったからです。

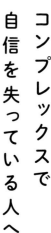

自分を愛し、自分に自信を持つこと。このことは、恋愛において本当に大事です。自分を愛していなくても恋愛も結婚もできますが、相手は本当の意味であなたを愛してはくれないでしょう。あなたを大切にしてくれなかったり、ひどい場合は暴力的な男性を引き寄せたりしてしまうこともあります。

すべての人には「引き寄せの法則」が働いており、本人が感じていることをそのまま現実に引き寄せます。

周りに見えていることはすべて、あなたの心を現しているのです。

つまり、自分が愛していないものを、ほかの誰かが愛してくれるということはあり得ないのです。

だからこそ、自分を愛する努力、自分に自信を持つための努力は惜しまないでください。ここは、少しがんばりが必要です。

自分を愛している状態とは、素直に自分のことがいいなあ、素敵だなあと思えてい

る状態。そして、最終的に目指すところは、自分が自分でよかった、生まれてきてよかった、私の人生って素晴らしい、と思えるようになること。

自分自身についていいなと思っていることを、誰かに言う必要も、誰かに認めてもらう必要もありません。自分自身の中でだけ、わかっていればいいので、周りの目を気にする必要はありません。

○地道に自分のいいところを探す

どんな人にも、いいところと悪いところがあります。

自分を愛せる人は、自分の中のいいところに意識を集中させており、自分を愛せていない人は、自分のダメなところばかり意識しています。

世の中には、素晴らしい人とそうでない人がいるのではなく、どんな人も素晴らしい何かしらの要素を持っています。

それなのに、いい人生を送る人とそうでない人がいるのは、自分の中のどの部分に意識を向けているのか、そのちがいがあるからなのです。

自分を愛せるようになる最初のステップとして、まずは、自分で自分のいいところを探してみましょう。

人を好きになるとき、この人のここがいい、あそこがいい、と思ったりしますよね。それと同じことを自分にもしてあげるのです。

自分のいいところを探して、どんどんノートに書き綴ってみてください。

性格的なこと、外見的なこと、能力的なこと、どんなことでもかまいません。

「自分にいいところなんてない」という人も、どんな小さなことでも、ひとつ、いいところを見つけて、そこへ意識を向けるようにすれば、次々と増えていきます。

「引き寄せの法則」によって、意識したものがどんどん引き寄せられてくるのです。

魅力がない人なんていません。ただし、その魅力を自分自身でわかっていなかったり、閉じ込めてしまっていたり、まったく磨こうとしてこなかったり、ということはあり得ます。

自分がわかっていないもの、自分がいいと思っていないものを、他人が褒めてくれるわけはありません。他人の態度や言葉は、自分の本心の反映なのですから。

まずは、自分自身をよく知り、自分のいいところへ意識を向けましょう。

心から自分のことを好きになれたとき、周囲の人と必ず心地良い関係となっていきます。

周囲の人からもらう言葉は、あなたが自分のことをどう思っているかのバロメーターなのです。

○潜在意識に浸透させると、現実が変わる

次に、小さい頃から今までの間に、自分がこれまでやってきたことを思い出して、書き出してみましょう。

学生時代に部活をがんばった、旅を楽しんだ、英語が好きでよく勉強した、など。とくに目立ったことではなくても、成果が出たことでなくてもかまいません。

さらには、あなたが誰かを幸せにした経験を思い出しながら書いていきましょう。

あなたが生まれたとき両親がとても喜んでくれた、友人を元気づけた、バイトでお

客さんが喜んでくれた、など。

「自分ってダメだな」という思考になってしまっていると気づいたとき、即座にノートを見返して、「ああ、自分ってこんないいところがあるんだった」と思考を転換していきましょう。そうして、自分自身の存在価値を高め、自分自身にどんどん愛を注いでいくのです。

さらに、自分を愛する方法、肯定していく方法を知りたい方は、『「引き寄せスパイラル」の法則』(大和出版)をお読みください。

このように、少しずつ、少しずつ、自分の意識するところを変えていくことで、それが潜在意識に浸透していきます。潜在意識というのは、意識の深いところにある意識で、「本心」と同じことです。

自分の思考が潜在意識まで浸透していくと、現実のほうがあとからついてきて、人から優しくされたり、褒められたりというようなことが多くなってきて、さらに自信に満ちて輝いていくようになります。

誰もあなたを傷つけることはできない

◯どう捉えるかはすべて自分次第

恋愛はしたい。ソウルメイトには会いたいけど傷つきたくない！

こう思う気持ちはとてもよくわかります。

何度かの恋愛を繰り返す中で、「傷ついた」「傷つけられた」と思うような経験は誰にでもあるでしょうし、その経験があるからこそ、もう傷つきたくないと思うのはとても自然なことでしょう。

でも、これだけは覚えておいてほしいのです。あなた以外の誰も、本当の意味であなたを傷つけることなどできないということを。

人は他人からいくら何を言われても、言われたことに、自分自身が「当てはまっている」と思わなければ傷つかないのです。

つまり、**人は自分自身が「当てはまっている」と思うことだけに傷つく**のです。

たとえば、背の高い人が「チビ」とからかわれたとしても、「この人、何言ってるの？」で終わりますが、背の低いことを気にしている人が同じことを言われたら傷つくでしょう。

つまり、自分以外の他人が何を言うか、ではなく、自分が自分のことをどう思っているかということに意識を向けていくことが大切です。

自分の中に嫌いな部分や受け入れられない部分があるかもしれません。

でも大事なのは、それが自分の個性であり、いいところだと自分で認めていくことです。

世の中の「これがいいとされている基準」に自分を当てはめたり、他人と比べたりするのではなく、「これが自分だ」と自分で認めること。

そして、その個性を出せば出すほど、つまり、ありのままの自分でいればいるほど、

ソウルメイトと出会いやすくなります。そして出会ったソウルメイトは、そのままのあなたを好きになってくれるでしょう。

○最大の敵は「傷つきたくない」という思い

恋愛で傷つくのは、「自分自身を否定された」とか、「受け入れてくれなかった」という思いからでしょう。

でも、**自分自身を否定せず、「これが自分だ」と受け入れていれば、たとえひとつの恋がうまくいかなかったとしても、自分に悪いところがあったからではなく、人生の流れの中で最善のことが起こったのだ、と捉えることができる**のです。

自分を本当に認め、愛していくこと。それは、一朝一夕にはできないことだと思います。

人生は、自分自身を愛する旅、自分自身を受け入れて、それを表現していく道のりです。それは、一生かけてやることです。

簡単にできるようなことではないと思いますが、今どんな状態だったとしても、少しずつ、少しずつ自分を愛している、自分を受け入れている度合いをあげていくことはできます。

自分の魂から来ることに従っていけば、自分が自分でよかった、と思える日が必ず来ます。自分は自分以外のものにはなり得なかった、という日が。

あなたの唯一にして、最大の敵は「傷つきたくない」「自分を守ろう」という思いです。

でも、守る必要なんて本当はないのです。あなたがあなた自身を認めていれば、何からも守る必要はありません。

そして、そのままのあなたを丸ごと愛してくれる人に出会えるのです。

自分を軽んじていませんか？

○付き合う人は既婚者ばかり…

付き合う人はいつも既婚者、という話は意外によく聞きます。

どうしてそうなってしまうか、それも実は本人に原因があります。

その最たるものは、自分自身が「自分を軽んじている」場合。

自分を軽んじている人は、不倫でなくとも、浮気されたり、二股されたり、本命になれなかったり、そんな恋愛ばかり引き寄せているはずです。

現実を引き寄せているのは自分なので、自分が変わらなければ、相手が変わったとしても同じような状況を引き寄せてしまうのです。

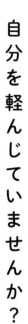

不倫は必ずしも悪いものではない、ということは後ほどくわしくご説明しますが、もし不倫をしていて、「自分を一番に見てもらえない」とか、「相手に都合よく利用されている」などと不満やさみしさを感じるのであれば、「自分自身を軽んじている」ことに気づかせるために起きている可能性が大きいのです。

このような状態から抜け出したいのであれば、まずは、自分が「自分自身」を大事にすること。**自分は愛されるに値する存在だと認めていきましょう。**

自分自身を大事にしないから、不倫などの苦しい恋愛を引き寄せてしまっているのです。

いつも自分の気持ちを無視して、自分を押し殺して、自分を後回しにして、彼氏や不倫相手を優先させているのではないでしょうか？

自分を出せないのは、自分に自信がなく、嫌われるのが怖いからかもしれません。嫌われるのが怖いから相手を優先してしまう、相手のためにいろいろしてしまう、それは、相手への愛でもなんでもなく、ただの「恐れ」です。

もし「相手に嫌われたくない」「自分に自信がない」などの理由で相手を優先しているのであれば、「自分はどうしたいのか」「自分は何がほしいのか」、そこにちゃんと向き合い、恐れることなく表現していきましょう。

自分の好きなものを食べ、楽しいと感じることをしたり、身体をちゃんと労ったり、ほしいものはできる範囲で買ったりするなど、小さなことから、そしてできることから、自分を大事にしていきましょう。積み重ねていけば、現実は変わっていきます。

自分を大切にする気持ち、それを相手にきっぱりと見せていく態度が大事です。

自分自身をもっともっと大切に扱うようになれば、不倫相手は自然と消えて、ちゃんと大切に扱ってくれる人に出会えるか、その相手が本当の意味であなたを大切にする人に変身するか、どちらかになっていくでしょう。

罪悪感から行動するのをやめる

○「私はこうしたい」を素直に表現する

恋愛や結婚において、「自分で自分を幸せにする」「自分を愛する」のと同様に、**「自分自身の気持ちを大切にする」**ということも、とても大事になってきます。

つまり、「自分はこう思う」「自分はこうしたい」「自分はしたくない」という気持ちをできるかぎり素直に表現して、時には行動していくこと。

嫌な仕事を頼まれたけど断れない。
会社の飲み会に行きたくないけど断れない。
友人の誘いを断れない。

これは自分の気持ちを大事にできていない状態です。

この状態だと、たとえ彼氏ができたとしても、我慢の連続だったり、ひどい扱われ方をしたりと、いいことがないでしょう。

いい恋愛は、自分が自分らしくいられる状態の上に成り立つものなので、自分の気持ちを確認し、それを伝える、という練習が必要になってきます。

ただし、わがまま放題にしていい、とか、遅刻ドタキャンなんでもOKということとはまったくちがうので、そこは注意してください。

心からしたいことを選択するのと、ただ一時的な気分に振り回されるのはまったくの別物です。

自分の本当の気持ちに沿って生きていると、周りもあなたの気持ちに沿ってくれるようになります。周囲はあなたの心の鏡だからです。

あなたが自分に正直に心地よく生きていると、周りとも調和していきます。

気乗りがしない飲み会に誘われることもないし、誘われたとしても、気楽に断れる雰囲気で、難なく断れるようになっていきます。

自分自身の気持ちを大事にすると、結果的にわがままに振る舞う必要もドタキャンする必要もない、という状態になるのです。

○本心は「自分が悪く言われるのが嫌」

周りの人から誘われたとき、本当は行きたくないのに無理して行っても、喜ばれるわけがありませんよね。

つまり、**行くよりも行かないほうが他の人のためになる**わけです。

それなのに、「行かないと悪いな」と思ってしまう心を翻訳すると、「行かないと自分が悪く言われるのが嫌だ」ということでしょう。

このような恐れや罪悪感から行動していくと、もっと罪悪感を感じるようなことを引き寄せ続けてしまうので、恐れや罪悪感から行動を選択するのをキッパリとやめていく必要があります。

また、彼氏との関係で、いつも自分が耐えてばかりという場合は、まず彼に自分の本当の気持ちを伝えるところから始めてみましょう。

怖いと思いますが、これをしなければ、本当の幸せにはたどり着けません。

「嫌われるのが怖い」という思いから、何をしたとしても、良いパートナーシップは築けません。


自分の本心を伝えることで、彼が離れていく場合もあるでしょう。でもそれは、より、あなたがあなたらしくいられる彼との出会いの始まりです。

恐れないで、自分の気持ちを大切にし、それを出していきましょう。


ただし、なんでもかんでも、いつでもどこでも自分を優先するべきだ、ということではありません。

たとえばグループでどこか行き先を決めるとき、あなたがどうしても行きたいところがあって、他のところでは絶対に嫌ならば、そのときは自分の行きたい場所を主張すればいいのです。

でも、もしあなたが自分の行きたいところにこだわっているわけではなくて、他のところでもいい、と思えているのなら、誰かの選択を優先する、ということももちろんＯＫです。

つまり、自分のした選択に自分で納得できているなら、必ずしも自分の選択を押し通す必要はありません。

大事なのは、自分の意見を押し通すことではなく、自分の選択に責任を持つこと。そして、自分の選択を他人のせいにしないことです。

○真の意味で「自分中心」に考える

誰かの意見を採用したとして、自分は我慢しているのか、本当にそれでいいと思えているのか、そこはちゃんと自分で見極めることが必要です。

嫌な気分になることなく、いい機会だとして楽しもうとできているなら、それは本当にそれでいい、と思えていることになります。

どんなことの中にも、楽しみを見つけていくことは可能です。それが、自分で自分の幸せを選択するということであり、引き寄せの基本です。

でも、もし我慢しているなら、ちゃんと自分を出していきましょう。

自分自身の望みを叶えて充実した人生を引き寄せていくには、自分で自分の望みや気持ちをちゃんと知り、物事を「自分中心」に考えていくことが大事です。

けれども、それをいつでも自分の意見を主張することだ、押し通すことだ、と思っていると、ただのわがままな人、勘違いした人になってしまいます。

「自分中心」というのは、自分の選択（それが、自分の意見を主張することであっても、誰かの意見を尊重することであっても）にきちんと責任を持つことです。

どちらの選択をしても、自分が気分良くいることです。

それは、自分を自分でよく理解し、自分の許容範囲をちゃんと知っていなければできないことなのです。

自分のことをちゃんとわかっていれば、ただのわがままな人にならなくてすみますし、自分をしっかり尊重することができていたら、自分を尊重してくれるパートナーを引き寄せていけるでしょう。

最高の出会いを呼び込む3つの準備

○女性として美しくなることを楽しむ

自分の愛し方について、少しずつ理解が深まってきたかと思います。

ここではいい恋愛をするためにできる、3つの準備をお伝えしていきます。

まずひとつめは、女性として美しくなることに前向きになり、楽しむということ。

どんな方でも基本的に「美しくなりたい」という気持ちを持っているかと思いますが、「美しくなりたい」という願いを自分で叶えていきましょう。

身体をキレイで健康な状態に保ってあげることは、自分を愛すること、自分を大事にすることと同じです。


自分自身のケアをする、美しく磨く行為は、波動を上げる意味でも、ものすごく効

果が高いのです。

内面も外見も、自分自身を磨く努力（努力と言っても、苦しい努力ではなく、自分が楽しめる方法でやっていくのが大事です）を怠らないこと。

自分を好きになるためにできることがあれば、どんどん行動にうつしましょう。

ただし、**男性ウケするために型にはめた美しさを目指すのではなく、あくまで、自分自身の美しくなりたいという素直な願いを叶えてあげるために、自分らしい美しさを目指すことを心がけましょう。**

雑誌などで、ファッション、髪型、メイク、しぐさや表情、男性に対する対応など「こうしたらいい」「こうでなければいけない」という恋愛テクニック、モテテクニックと言われるものが、毎週、毎月のように特集されていますが、そうした世間の基準より、自分らしい美しさ、自分らしい恋愛、自分らしい幸せを目指しましょう。

男性と女性は、肉体的にも心理的にも大きなちがいがあり、そのちがいを知ることで、二人の関係で役立つこともあると思います。

彼をより理解することに役立てるのであれば、こうしたテクニックのいい活用法と言えると思います。しかし、それにとらわれすぎては、自分が苦しくなっていくだけなので、あくまで参考程度にしておきましょう。

「私なんて」という思いは不要です。どんな女性でも、美しさのタネが眠っており、それを自分で大切に育ててあげることによって、その美しさが花開きます。

美しくなる努力をしていれば、たとえすぐに結果が出なくても、「がんばっている自分って素敵だな」というふうに、自分のいいところに意識を向けることができるようになります。

毎日忙しくて美容に気を使えない、自分の容姿があまり好きじゃないから、美しくなる努力を積極的にしたくない、面倒くさい、という方もいるかもしれませんね。

美しさ、と言っても、何も美容やメイク、ファッションをがんばる、ということだけではありません。

手先が荒れていたらハンドクリームを塗る、疲れていたらゆっくりと湯船に浸かる、がんばっている自分にリラックスタイムをつくる、そういうことも美しさを磨いている行動になります。

美しさに対して前向きになり、自分の女性としての魅力や美しさを認め、感じていくこと。それが恋愛を引き寄せる準備として、とても重要です。

あなたが自分に魅力を感じていないのに、他人が魅力を感じてくれることは難しいでしょう。

また、外見だけでなく、**「自分の中にある女性らしさ」**をもっと意識していきましょう。恋愛はあなたの中の女性の部分でするものだからです。

「女性らしさ」とは、受容、共感、優しさ、素直さ、直感、美しさ、リラックス、励ましなどです。無理に女っぽくしましょう、という意味ではありません。

どんな人でも、内側に「男性性」と「女性性」を両方持っているので、その「女性性」の部分を意識していくのです。

○笑顔でいられる時間を増やす

そして2つめは、「自分がいつも幸せで笑顔でいること」です。楽しそうに笑顔で過ごしている人は魅力的です。そのエネルギーが人を惹きつけます。とくに、男性は、周囲の女性にはいつも笑顔でいてもらいたいと思っているので、笑顔の女性には安心感を感じ、自然と惹かれていくのです。

いつも笑顔で、と言っても、やりたくないことをやらなくてはいけないとき、しんどいとき、嫌なこともあるし、毎日笑顔でなんていられないよ、と言う人もいるかもしれません。

もちろん、毎日いいことばかり起こるわけではないですよね。それは、私も同じです。そこで、日々の生活の中から「いいこと探し」をしてみてほしいのです。

嫌なことばかり考えていれば当然笑顔にはなれませんが、良かったこと、嬉しかったことを考えていれば、自然と笑顔になれます。

つまり、自分の意識を「いいこと」に向けることで、笑顔でいられる時間を増やしていけるのです。

また、いつも幸せでいるためには、やりたいことをどんどんやって自分に我慢をさせないということも大事です。

たとえば、ネイルをする、着たい服を着る、食べたいものを食べる、行きたいところに行く、買いたいものを買うなど、できる範囲で小さいことから丁寧に行動にうつしていきましょう。

やりたいことができているときは、例外なく幸せで、思わず笑顔になってしまうものなのです。

○「男性」にどんなイメージを持っていますか？

最後に3つめの準備として、男性全般に対しての考え方も大事です。

これは、特定の人ではなくて、一般的に男性というものひとくくりに対してです。

男性は怖い、何を考えてるかわからない、厳しい、頭が固い、どうしようもない、自分勝手、尽くさなければ愛してくれない、など男性に対してネガティブな思いを抱いているのか。それとも、男性は優しい、包容力がある、尽くしてくれる、頼り甲斐がある、信頼できる、スマートなど、ポジティブな思いを抱いているのか。

第２章

いい恋愛を引き寄せる自分の愛し方

自分が男性全般に対してどんな思いを抱いているのか、確認してみてください。

もし、ネガティブな思いの方が多ければ、自分から男性を遠ざけている状態です。

あなたの思いの通りの男性を引き寄せてしまうので、あまりお近づきになりたくないような男性が多くなってしまうのです。


もし、男性に対していい感情を持っていない、と気づいたのであれば、「男性って実は優しいのかもしれない」と思考を転換することから始めてみてください。


そうすると、たとえば、急に職場の男性が優しくしてくれたり、友だちから「私の彼氏がとても優しいの」などとノロケ話を聞くことになったりなど、少しずつその証拠が集まり始めます。

あなたの「男性って優しいのかもしれない」という思考に、引き寄せの法則が働くのです。

そうして、男性への思いをポジティブなものへ変えていくと、本当に素敵な男性を引き寄せ始めるでしょう。

第3章

「魂の道」でソウルメイトが待っている

ツインソウル、ツインレイ…魂でつながった人たち

◯どんな人にもソウルメイトは存在している

私たちは人生の中で魂の縁のある人たちに出会い、お互いを成長させていく、ということを第1章でお伝えしましたが、どんな人も魂のグループに所属しており、同性異性を問わず、魂でつながった人たちが存在しています。

魂や魂のつながりは、目に見えないので証明することはできないし、信じるか信じないかはあなた次第ですが、私は小さい頃から誰に教えられるわけでもなく、魂の存在やそのつながりはあるということを前提として生きてきたので（おそらく魂の記憶なのでしょう）、この本でもその前提でお話ししていきたいと思います。

どんな人にも、お父さんとお母さんがいるように、肉体のつながりとしての家族がいない人はいませんが、同じように、魂のつながりがいないという人はいません。

つまり、どんな人にも「縁」はあるのです。

この人生のどこかで出会い、お互い助け合ったり、逆に反発し合うことで学び合ったり、さまざまな人間関係を築いていくことをあらかじめ決めてきています。

その中には、恋愛・結婚に発展する縁もふくまれます。

「私には結婚の縁がないのではないか」と悩んでいる人もいますが、生まれる前に魂は結婚候補をある程度決めてきているのです。

だから、**本当に結婚を望んでいるのに結婚できない、という人はいない**ので安心してください。

「ツインソウル」や「ツインレイ」……運命の相手、のような響きをもつこれらの言葉に、女性なら多くの人がときめくのではないでしょうか？

私の知っている範囲でお伝えすると、同じ魂を元魂とする30〜40個ほどの魂たちを「グループソウル」と呼び、魂の親戚関係のようなグループになっているそうです。

そして、同じ元魂から同じ時期に分かれた魂たち（10〜12個）のことを「ツインソウル」と呼び、その中でひとりだけ、今世でお互いを高め、学び合うと決めたパートナーがいるようです（いわゆる「ツインレイ」。ツインレイを設定していない魂もあります）。

また、グループソウルの中で結婚候補を何人か決めてきているのですが、その中にツインレイがふくまれる場合とふくまれない場合があるそうです。

このような区分は諸説ありますし、厳密に知ることが重要ではないので、縁のある魂はみんなソウルメイトでいいと思いますが、魂でつながっている特別な相手はたしかに存在する、と私は思っています。

でも、**「ツインソウルやツインレイに出会わなければ幸せになれない」「出会ってこそ幸せになれる！」と執着しているなら、それは大きな勘違い。**

実際はまったくの逆で、自分自身が偽りのない自分であり、自分自身の人生を歩み始めたら、つまり、自分自身が内側から幸せであり、魂に従って行動していれば、そうした人たちが自然と現れるのです。

そして、人生の道を助けてくれたり、運命のパートナーになってくれたりして、あなた自身の人生をちゃんと全うできるようになっているのです。

○出会えるのは、「魂の道」を歩き始めてから

自分自身が幸せであり、自分の魂の道を歩いている状態になってはじめて、魂でつながっている相手に出会えます。

自分が魂の道さえ歩いていれば、積極的に出会おうとしなくても、絶妙のタイミングでどこからともなく現れるようになっています。

「ツインソウルに出会いたい！」「ソウルメイトはどこなの？」という意識で毎日を過ごすのではなく、**「自分がこの人生で本当にするべきことは何か」「自分の本当にやりたいことは何か」「自分のやりたいことで誰かのためになったり、社会に貢献できたりすることは何か」「自分の人生をどう使うべきなのか」……そうしたことに意識を向けていくことが大事**です。

結局、いい恋愛も結婚も自分らしい生き方の上に成り立つものです。

自分らしく生きていないかぎり、本当の意味での出会いは訪れません。

ツインソウルやソウルメイトがあなたを幸せにしてくれるわけではないのです。

これまでも何度もお伝えしてきたことですが、幸せを他人に依存するのではなく、まず、自分が幸せになること。自分がちゃんと自分の道を歩いてこの人生をまっとうする、という意思を持つこと。

それがなければ、何も始まりません。運命の相手にも、魂で約束した仲間たちにも出会えないのです。


自分の魂の望みが何なのか、自分の人生の道が何なのかについては、これまでの人生の中で必ずヒントがあります。

大きな自分(魂の自分)は、生まれたときからずっとあなたを導いてくれているのですから。


小さい頃から得意だったことや、なんだか知らないけど導かれてやっていたようなことを思い出してみてください。

または、あなたが興味があることを追い続けていけば、たどり着けるようになっています。

どうしてもわからなければ、「私の魂の道筋を知りたい」と真摯に思い、そう宇宙に願いを放っていれば、どこからともなくヒントはたくさん訪れます。

急に友人から「これやってみない？」と誘われたり、テレビや本の中にヒントがあったり、はたまた、今の仕事を急に辞めることになって新しい仕事に導かれたりすることもあるのです。

「魂の望み」を実現するために出会う

◯運命の人との間には障害があるケースが多い

「運命の人」や「ツインソウル・ツインレイ」という言葉には、とても甘い響きがありますが、彼らはあなたの「魂の望みの実現のため」や「自分を高めていくため」に現れるので、ただ甘い恋愛を期待していたら、まったくその期待は裏切られることもあるでしょう。

どうしようもなく惹かれる相手が現れた、これは運命の人?というその裏には、「自分自身への目覚め」「魂の望みを実現する」という裏のテーマが隠れていると思ってください。

繰り返しになりますが、まず運命の人には、「自分自身がちゃんと自分の道を生きる」「自分自身が自分を幸せにする」ということを決めてからしか出会えません。

運命の人に出会って幸せになっちゃおう、というのが普通の考えだと思いますが、その状態では出会えないのです。

自分自身の魂の道を歩こうと決意したとき、現れるのが運命の人です。

ですので、若いうちに出会えるということはあまりありません（絶対にないということではありません）。

運命の人はたとえ遠くに住んでいたとしても、物理的なことは関係なく、強力に引き合うことは引き合いますし、結びつこうとします。しかし、いろいろな障害があるケースが多いでしょう。必ず結婚するとも言えません。

これまで何度もお伝えしてきましたが、「ただ好きだからパートナーシップを結ぶ」のではなく、「自分自身の魂の成長のための学びという側面」があるので、相性がいいから恋愛する、相性がいいから結婚する、とは必ずしも言えないのです。

出会いというのはご縁があるから起こるし、ツインソウルやツインレイは、お互いの魂を成長させるために強力につながっている魂です。そして、縁が深いということは学びも深いということで、だからこそ、いろいろな障害も起こります。

自分にとって不都合なことがあるからこそ、学べるわけです。

自分らしく生きるとはどういうことか、自分で自分を幸せにするとはどういうことか、自分の道を見つけてその道を生きていく、という本当の自分軸を確立していくこと、それこそが、運命の人との出会いの中で起こることです。

いろいろな障害があるかもしれませんが、その相手が本当の魂の相手ならば、（結婚という形を取る取らないにかかわらず）いずれ結ばれるときが来るでしょう。

○不思議なつながりが起きて、人生が好転する

仕事関係、友人関係、恋愛関係、いずれであっても、ソウルメイトに出会ったなら、基本的にわかります。

・魂が騒ぎ出す

・懐かしい
・はじめて会ったのに、はじめてではないような感じ
・出会って間もないのに、意気投合。さらに、お互いが助け合えるような能力を偶然持っている

などなど、とにかくいろいろなシンクロが起きます。

しかしはっきり言って、その人がソウルメイトかを確かめたり、証拠を得ることはできません。証拠がないからこそ、自分の心をより深く見つめる機会になるし、信じる力が養われるのです。

その人がどういう人であったとしても、「この人だ！」という確信が自分の中に芽生えるので、相性がいいのか、将来幸せになれるのかなど、未来や外側のことに依存しません。

心から「この人だ！」と思い、そのあとに不思議なつながりが起きたり、人生が好転していくような感じがしたりするなら、間違いなくソウルメイトでしょう。

私自身、これまでソウルメイトだと思える人に何人か出会っているから、このようなことを言うのですが、証明のしようがありませんので、詳細はここでは書きません。ただ言えるのは、**特別なことをしなくても、人生の流れで出会う**ということです。

私の場合、自分の魂の道を歩く前に出会えたソウルメイトはほんの少しで、魂の道を歩き始めてから出会えた人がほとんどです。

若いときに出会える魂ももちろんいるのですが、通常その数は少しで、自分の道にたどり着かないと出会えない設定になっているソウルメイトが大半です。

ツインソウルやソウルメイトは、あなたの人生になくてはならない重要なキーパーソンです。あなたが本来の自分の道を歩いているかぎり、必ず出会える巡り合わせになっているので、探す必要はありません。安心して、自分自身の道を歩いてください。

占いでどこまでわかる？

○不安なときに聞いても振り回されるだけ

彼と結婚したらうまくいく？
あの人はソウルメイト？
運命の人はどこにいるの？

好きな人との相性や自分のソウルメイト、未来を知りたくて、占い師に相談する人もいるでしょう。

「自分がすべてを引き寄せている」と聞くと、占いと引き寄せは相反するもののように感じるかもしれません。

しかし、占いの結果もやはり自分次第であり、占いも自分を知るために大いに活用できるものです。

もちろん、占い師の方の技量もそれぞれですが、あなたが都合よく現実を動かそうとするのではなく、心から本当の自分を知りたい、魂の望みを知りたい、魂でつながっている相手を知りたいと思うなら、ちゃんとそれを教えてくれる人に出会えるでしょう。

逆に、執着や逃げの姿勢から、占いでいい結果を聞きたいと思って占い師にたずねても、自分のためになるようなことや、安心するようなことは聞けません。

不安から行動しても得られるのは不安だけです。

不安から何人もの占い師に聞き回る人もいますが、だいたいバラバラなことを言われて、ますます不安になって、混乱することになります。

自分自身が不安で混乱していると、引き寄せる結果もそうなってしまうのです。

つまり、**どんな占い師に出会うかもあくまで本人次第で、占いで言われた結果も自分の内面を反映したもの**なのです。

あなたがこれまで自分を知る努力をしてきて、本当の自分に従って生きていればいるほど、占いで言われる内容に関しても、自分にとってしっくりくるものになり、言われたことの意味がスパッと入ってきます。

あなたが本当に知りたいこと、つまり、魂の望みや魂の縁を知ることができます。

逆に、自分に嘘をついていればいるほど、言われたことの意味がよくわからなかったり、納得できない結果となります。

◯彼との相性が良くないと言われたら？

占いで彼との相性は良くないと言われて悩んでいる人もいるかもしれません。

世の中にはいろいろな占いがありますね。

私の知っている占いはごくわずかですが、ホロスコープ（生まれた時間と場所の天体配置図）は魂の設計図と言えるものだと思っていますし、基本的に占いは自分を知るためにとても役立つものです。

凄腕の占い師になると、人と人との縁をはっきり見分けることのできる人もいます。世の中には、そうした目に見えないことが見えてしまうという特殊能力を持つ人が本当にいます。

ただし、あなたの人生を決めるのは、あなたであって占いではありません。

占い師が言うからではなく、あなた自身も、「相性がよくない」「何かちがう気がする」など、違和感を感じているのなら、その人とは縁がないのかもしれません。

あなたの本当の心、あなたの魂は、本当の縁がある相手をちゃんと知っているので、「この人じゃないですよ〜」というお知らせを送ってきてくれているのかもしれませんね。

でも、**いくら占いで相性がよくないと言われても、やっぱり彼だと思うなら、自分の心に従いましょう。**

その占いが当たっているかいないかは、あとからわかりますので、焦る必要はありません。自分自身が納得する選択をするのが一番です。

結婚するまでの縁がない場合であっても、恋愛は楽しめるので、相手のいいところを見て、彼がいる生活を楽しむようにすることもできます。

「何かちがうな」と思うことがあっても、そのおかげで自分の望みをはっきりさせたり、より自分と向き合うための出来事と捉えられたりもできます。

ポジティブに考えることで、その彼との関係もいいものになっていくので、ちがうと思ったからと言って、良い関係が築けないとか、すぐに別れたほうがいい、ということではありません。

目の前にある人間関係を大事にしてこそ、さらに良い関係が引き寄せられてきます。相性が悪いと愚痴ばかり言うのではなくて、彼との関係で感謝できるところをいつも探すようにしていきましょう。

○恋愛運がないと嘆いている人へ

「生まれつき恋愛運や男運がない！」と思っている人は多いようです。

「占い師に結婚運がないと言われました。私は一生結婚できないのでしょうか？」と相談を受けることもあります。

たしかに人には、それぞれ生まれ持った運勢があります。運には恋愛運、結婚運、財運、仕事運、人気運、家族運など、いろいろありますが、みんな持って生まれたものが異なります。

では恋愛運がない人は、一生いい恋愛はできないのか、結婚運がない人は一生結婚できないのか、というとそういうことではありません。

どんな人も、その人自身の魂の目的、生まれてきた意味を達成できるように、最適な運を持って生まれてきているのです。

恋愛運や結婚運がない、という場合でも、いい恋愛や結婚ができない、という意味ではなく、その人の人生にとって大事なものは、恋愛や結婚以外のところにある、ということです。そして、その人が本来やるべきことをやっていると、恋愛や結婚などは自然となるようになっていくのです。

本書は恋愛や結婚がテーマですし、女性なら誰もが関心のあることかもしれません。しかし、恋愛や結婚が魂のメインテーマではない魂も多いものです。

ちなみに、私自身は結婚運、パートナー運はあるけれど、恋愛運はありません。たしかに、私は結婚につながらない恋愛を重要視しない傾向があります。これは私の例であって、逆に結婚はどうでもいいけど恋愛は大切な人、どちらも大切な人、いろいろな人がいます。

魂の目的は人によって異なるので、どれがいい、どれが悪いということはまったくありません。自分のホロスコープこそが自分にとって一番いい配置になっています。つまり、生まれつき運の悪い人なんていないのです。

どの運勢も、あなた自身の人生を歩む上で一番いい運勢です。

たとえば、財運には、自分で稼げる運と、人からもらえる運の両方があります。私自身は、自分で稼げる運は持っていますが、もらえる運はありません。そして、自分の人生を振り返ると、たしかにそのようになっているのです。

私の場合、引き寄せの法則などの「真理」を伝えていく、ということがライフワークのひとつにあります。もし私が人からもらって生きていけるような運を持っていたとしたら、この仕事をしなくなってしまうでしょう。

つまり、**その人がその人らしくいられる、その人の本当の望みを叶えていけるような運勢配置にそもそもなっている**のです。

「運」というよりは、「必要な要素」を持っていると言っていいと思います。

また、恋愛運が悪い、ということではなく、恋愛面で試練があるというような運の場合もあります。

その場合は、恋愛でたしかに大変なことが多くなるかもしれませんが、その経験を通して、しっかり学び、自分を成長させることができれば、素晴らしい果実が実ることになるでしょう。

何か悲しい出来事があったとしても、それを不運だと嘆くのでなく、起こったことすべてを自分の成長の糧にする。そういう考えを持てるといいですね。

○自分のことをよく知るために活用

結局のところ、**相性がどうかで悩んでしまったり、占いの結果が気になってしまったりするのは、まだ自分の軸がはっきりしていないから**です。

あなたが自分の人生をどう生きていくか、というしっかりした軸を持つことが大事なのです。

そのあたりがしっかりしてくれば、占いに頼らなくとも、ちゃんとそのときに自分にとって必要な人を引き寄せていくことができ、「もうこの人はちがう」と思うなら、キレイにお別れもできるようになっていきます。


占いの結果に振り回されるのはナンセンスですが、占いの結果を、自分をもっとよく知るために活用していくことはできます。

私自身もこれまで、占いやリーディングと呼ばれる分野の方に、自分を知るためのたくさんのヒントを教えてもらいました。

世の中には、たしかに見えないものが見える、魂の言葉をちゃんと理解してくれる特殊な能力を持つ方が存在します。

定期的に見てもらっている信頼できる何人かの人がいるのですが、その方々は口をそろえて、今後仕事の方向性が変わっていくことや、住む場所が変わっていくことなど、ここにすべては書けませんがかなり詳細に教えてくれます（この原稿を書いたのは2020年2月ですが、実際に2020年4月に仕事の方向性が大きく変わるようなことが起きてびっくりしています　※2020年6月追記）。

それを聞いたとき、私自身、「魂で決めてきたことを思い出した」ような感覚になりました。

自分のことを深く知っていくと、自分の魂の縁、自分の未来をうっすらと感じ取れるようになってきます。

私にとって、こうした能力を持つ人たちは、自分の感覚をさらにはっきりさせてくれる存在です。

実は、私の離婚についても、「魂の流れであるから心配しなくても大丈夫」と教えていただいたことがあり、大変勇気づけられました。

占いに依存するのではなく、自立した上で占いを活用していくのであれば、占いも人生にとても役に立ってくれるでしょう。

ピンとくる行動からすべてが始まる

○「やりたい」「気になる」「行ってみたい」

出会いたいけど、出会いが全然ない、という人もいるでしょう。

私から言わせると、出会いなんてどこにでも転がっています。年齢など、条件的なこともなんの関係もありません。

どうしたらピンとくる人に出会えるのかと言うと、それはずばり、あなたが自分の心から湧き上がる、「これをやりたい」「なんだか気になる」「ここに行ってみたい」などのふとした思い、なんだか心が惹かれてしょうがないような思い、それに従って行動するのを徹底することです。

こうした思いは、インスピレーション、直感と言われるものです。

そのとき理由はわからなくても、直感に従って行動することが大事なのです。

あなたが心からピンとくるものに従っていれば、必ずあなたの人生にとって必要な人と出会えます。この世界はそういう仕組みになっているので、信じてその通りにすればいいだけなのです。

私の友人たちの例を紹介しましょう。

Mさんは、急に世界を見たい、いろいろなところに行きたいと思い立ち、20代の頃、バックパッカーになりました。

そのとき行ったインドで、Mさんはとある人に会ったのですが、その人はサルサ（ラテンダンスの一種）をやっている人でした。

その人との出会いでサルサにものすごく興味を惹かれたMさんは、日本に帰ってきてからサルサ教室に通い始めました。そこで出会ったのが、今の旦那さんなのだそうです。

また、Sさんは、あるときハワイに行きたくてしかたがなくなり、実際にハワイに行ったのですが、旅行中に道で転んでしまったのだそうです。そして、そのとき助けてくれたのが今の旦那さんなのです。

さらにもうひとり、Aさんは旅行でたまたま行った、バリ島のホテルのプールで出会ったフランス人男性が、今の旦那さんだということです。

○好奇心が自分の魂を思い出させる

今回はたまたま全部海外や旅行がかかわる話でしたが（私が海外に住んでいますので、どうしてもそういう話が多くなってしまうのです。これらはつくり話ではなく、全部実話です）、必ずしも旅に出なくてはいけない、という意味ではもちろんありません。

大事なことは、自分の心が求めること、ピンとくることをちゃんと行動にうつしてあげること。

「ピンとくる行動」をしているから「ピンとくる人」に出会えるのです。

やりたいことがよくわからない、何も浮かばないという人は、これまでやりたいことをやらなさすぎて、自分の好奇心や興味を忘れてしまっているのかもしれません。

小さなことでもやりたいことをやり始めて、好奇心を思い出していきましょう。

魂は好奇心の塊。好奇心に沿って動いていけば、自分の魂を思い出します。

そう、特別なことをしなくても、心からやりたいことを実現していけば、必然的にソウルメイトに出会います。そして出会えば、お互い強力な縁で引き合います。

もし、あなたが職業や年収などの条件ばかり気にして、心の目で感じようとしなければ、見過ごしてしまうかもしれません。


条件ではなく、自分の心で感じることを大事にしてください。


また、必死で探せば探すほど、「今、相手がいない！」という波動を強化してしまうので、婚活はおすすめしません。

やってはいけないという意味ではありませんが、婚活すること自体にピンときていないのに、相手を探すために無理に婚活をしても、よい結果は引き寄せられないからです。

「このイベント楽しそう！　行ってみたい！」というような感じで行くならいいと思います。

第３章

「魂の道」でソウルメイトが待っている

先ほどの例を見ても、相手を探していたわけではないときに出会っていますよね。探していない、つまり、不足感がなく、ただやりたいこと、気になることを楽しんでやっているとき、そのときがあなたソウルメイトに出会えるタイミングなのです。

○あなたがいるべき場所が必ずある

もし出会いがないのであれば、「居場所が間違っている」という可能性もあります。自分のやりたいことをやっていない場合、ソウルメイトとなかなか出会えません。

今まで、自分の心に従って生きてきましたか？

自分の心に従って、住む場所や職業を選んできましたか？

「はい」と答えられない人ほど、現状、人間関係も居心地の悪いものになってしまっているかもしれません。

先日ネットで、アメリカでプラスサイズモデルとして活躍する日本人女性の記事を読みました。

彼女は現在、自分の思いに従ってアメリカへ移住し、自分らしさを活かして大活躍しているのですが、アメリカに行くまでは、仕事もうまくいかない上、まったくモテなかったそうです。

しかし、アメリカへ移住してから、コンプレックスだった体型を武器にして大成功。自分をキレイだと思えるようになって、自信を取り戻し、とてもモテるようになり、最愛の人も見つかったとのこと。

「彼女は自分の場所を見つけたのだな」と思いました。

自分が自分でいられる場所が誰にでもあります。

そこは、他人の基準に合わせて自分を変えようとするのではなく、そのままの自分が輝ける場所です。自分に与えられたもの、自分が持って生まれたものを生かして、誰でも輝けるのです。

自分には本当は何が向いているのか、何ができるのか、何がしたいのか、自分の心はちゃんと知っています。でも、周りの声ばかり気にしていたら、気づけません。

自分と向き合って、深いところから自分を輝かせていきましょう。

引き寄せるコツは自分らしく生きること

◯今の自分のままでいい！

ここで、ちょっと注意してほしいことがあります。

やりたいことをやっていくのはとても大事なのですが、「まだまだ今の自分じゃダメだから、いろいろやらなければいけない」なんて思っていませんか？

自分がダメだから、今の自分には足りないことばかりだから、自分磨きをがんばらなくてはいけない、そんなふうに思っていたら、その通りの現実を引き寄せます。

もっと自分がダメだと思うようなことを引き寄せてしまうのです。

料理教室、ジムに行って身体づくり、ワイン教室に英会話、ネイルにまつエク、エステなど、自分磨きをがんばっているのに、自信がつくように努力しているつもりなのに、なぜかいい人に出会えない、恋愛がうまくいかない、という人もいます。

こういう方は、たくさんのスペックを身につけると、いい人を引き寄せられると思っているのかもしれませんね。

前章で、モテテクニックや恋愛テクニックに惑わされないこと、と言いましたが、あなたのソウルメイトは、そうした能力やテクニックを身につけたからあなたを見つけるのではないのです。

あなたが完璧だから、あなたがいろいろなことができるから、ソウルメイトが寄ってくるのではありません。あなたが出している生き生きとした楽しそうな波動に、人は引き寄せられるのです。

完璧にならなくても、あなたがあなたらしく輝いて楽しんでいることが大事です。

ソウルメイトたちは、他の誰でもない「あなた」を探しています。

ソウルメイトたちがあなたを見つけてくれるのは、あなたがあなたらしく輝いているときです。

大事なのは、スペックを上げるためでなく、足りない自分を補うためでもなく、最高の自分自身でいるために自分磨きをすること。

そして、好きだから、楽しいからするということ。足りない自分を埋めるためにしているのなら、してもいいことは引き寄せられません。

ソウルメイトたちを引き寄せるのは、自分がそもそも持っているものを磨いているときであり、自分の人生っていいな、楽しいな、自分っていいな、魅力的だな、と思えているときだということを忘れずに。

どんな恋愛にも学びや成長があるので、分ける必要はないとは思いますが、もし本物の恋愛とそうでない恋愛があるとしたら、自分が自分を生きているときにする恋愛が前者で、自分を生きていないときにする恋愛が後者だと言えます。

○魂で生きると、世界が変わる

「ワンネス」という言葉を聞いたことがありますか？

これは、私たちの魂は本来はひとつだ、ということです。

今いる世界では、それらは分裂して、たくさんの個の人間、個の魂があるように見えますが、本当はひとつしかないのです。

誰かに特別な恋愛感情を抱くというのは、その「ひとつのもの」に帰りたいという、私たちがそもそも持っている思いの現れかもしれません。

その「ひとつのもの」は、ひとつしかないゆえ、もちろん性別もありません。

本当の私たちは、性別もない、ただひとつの存在です。

そのような意識を持つことができれば、自分を満たすために自分以外の誰かに「愛されたい！」とか、誰かを「自分だけのものにしたい！」という欲求はなくなります。自分はすでに完璧で満たされており、自分がすべてで他人などいないということがわかるからです。

今この世界では、不安や怖れから、独占欲・所有欲などが湧いてきて、常に感情を揺さぶられるので、振り回される恋愛や結婚をしている人も多いかもしれません。

しかし、あなたがあなた自身の魂を生き始めると、自分の幸せのために誰かを独占したい、というような思いは減っていきます。

あなたはすでに完成された「ひとつのもの」だからです。
疑心暗鬼になることもなくなり、相手に依存しない、自由で自立した信頼関係を成り立たせることもできるようになります。

もしもパートナーが自分以外の人を選んだとしても、相手の選択をありのまま受け入れることができるでしょう。

どちらか一方が別の方向に歩み始めたということは、二人の関係においてのお互いの学びは終わり、新たな出発を迎えたということがわかるからです。

多くの人が魂から生きるようになると、今のような「結婚」という、一生添い遂げることを前提とした契約スタイルも変化していくでしょう。

結婚という形にこだわる人が減っていき、その時々で、その人に合った自由なスタイルで関係を築く人が多くなっていくはずです。

誰もが自分の魂を謳歌する時代は、もうすぐそこまで来ているのです。

第4章

宇宙に思いが届く！願いの叶え方

願いを叶える2ステップ

◯「恋愛は必要ない」「でも、だって」が邪魔している

恋愛系の願いにかぎらず、すべての願いに共通することですが、願いの叶え方の基本をおさらいしたいと思います。

願いを叶えるために必要なのは、次の2つのステップだけです。

「素直に望むこと」、そして**「願いに波動を合わせていくこと」**です。

ステップ1は、**「素直に望むこと」**。つまり、「大好きなパートナーとこんな毎日を過ごせたら最高」ということを思い描いて、そうなったらなんて素敵だろう、という思いに浸ってください。ただそれだけでいいのです。

ここでのポイントは、「そんなことは叶うわけない」「私なんて無理だろう」などのよけいな思いをくっつけないことです。アラジンが魔法のランプを持って現れたら何を願うか、そう考えて、ただただ素直にストレートに願ってください。

恋愛に対してオープンな気持ちを持ちましょう。素敵な恋愛がしたい、と素直に望むのです。

「恋愛なんて必要ない」「でも、だって、私なんて……」という思いは必要ありません。望みが叶うのを邪魔しているのは、その「要らない」「でも、だって」という思考なのです。

「素敵な恋愛をしたい!」「こんな恋愛ができたら素敵だなあ」と素直に願っている状態は、宇宙に対して正しく願いが放たれている状態です。

「私なんて、素敵な恋愛ができるわけない、出会いなんて本当にあるの? 無理そうだから、やっぱりいいわ」と考え始めると、それは宇宙に対して願いをキャンセルしたことになり、その願いは叶わないのです。

願いが叶うかどうかは、自分次第。あなたさえ、願いをキャンセルしなければ、願いはちゃんと届くと覚えておいてください。

ステップ2は、**「願いに波動を合わせていくこと」**です。

波動を合わせていく、というのは願いが叶ったときの気持ちを、願いが叶う前に感じるということです。

願いが叶ったら、どんな気持ちがするでしょうか？

安心感、ワクワク感、満たされたような感じ、包み込まれるような感じ、すべてうまくいきそうな感じなど、いろいろイメージできるかと思います。

その感覚だけなら、今すぐにでも感じられるはずです。

まだ見ぬ未来に幸せを求めるのではなく、今ある現実の中の幸せに気づくこと、そして、日々できるかぎりいい気分でいることで、願いが自然に叶っていくのです。

○今、幸せを感じる

ステップ1とステップ2が矛盾するように感じるかもしれませんが、素直に願いつつ、願いには執着しないで今を楽しむ、今を楽しみながらもっと望む。このような状態を目指してください。

ステップ1で願いを思い描いているときに、「願いを思い描いても、叶ってないという思いのほうが強く出てきてワクワクを感じられない」「そんなの私に叶えられるわけない」というような否定的な思いが出てくるのであれば、ステップ1はいったん中断して、ステップ2に集中してください。

ステップ1が難しかったり、まだ自分の本当の望みがよくわからないという人は、ステップ2の波動を合わせる、今幸せを感じるだけでも十分です。

自分の理想のパートナーや理想の恋愛がわからなかったり、信じることができなかったとしても、ステップ2ができていれば、自動的に、自分の本当の望みに気づいたり、自分にとっての本当の幸せな状態が引き寄せられてきます。

毎日の生活の中で、自分で幸せを感じられるようになったら、もっと幸せな人生が引き寄せられてくるというのが引き寄せの法則。難しいことはありません。

「今、幸せを感じる」だけで、さらなる幸せが引き寄せられるのです。

そして、願いがすでに叶った状態と波動が合うことによって、持っている願いが叶います。

逆に、「まだ見ぬ未来に幸せがある」と思っているうちは、「今、私は幸せじゃない！」という波動を思いっきり発してしまっている状態なので、幸せではない現実を引き寄せ続けてしまうのです。

願いに波動が合わないので願いは叶いません。

だからこそ、今ある幸せに気づくことが大切なのです。

◯無理なくネガティブをポジティブに変換

毎日幸せを感じ、心地よい気分でいることが引き寄せのキホン。

でも、会社の人間関係やお金のこと、日常的なイライラなどの悩みがあって、心が心配や怒りでいっぱいになっているせいで、「こんな状態では『幸せ』も『心地よい気分』も感じるなんてムリ！」という人も多いかもしれません。

幸せや心地よい気分でいるには、悩みやイライラがあってはいけない！と思う人もいるかもしれませんが、そうではありません。

そもそも悩みやイライラがない人なんていないのではないでしょうか。

悩みやイライラを完全になくすことは、人間にとって無理なこと。完全に消し去る必要はありません。

そうした悩みやイライラも、すべては意味があって起こっていることなのです。

ネガティブなことをなくそうとするのではなく、悩みもイライラもちょっとした思考の転換で変換できるということを忘れないようにしてください。

たとえば、

- **嫌いな人がいる→どうしてその人が嫌いなのか考えてみる→自分の本当に望んでいる人間関係がわかる**
- **お金がいつも足りない→でも、毎月給料はもらえているし、ちゃんと生活はできているし、必要なものを買えているな、と得ているものへ目を向ける→今ある豊かさを感じられる**
- **仕事がうまくいかない→この仕事は本当にやりたいことではないし、この仕事は自**

分には向いていないのかも→自分が本当にやりたい仕事について真剣に考える機会になる

このような感じでネガティブなことを深堀りしてみてください。

どんなネガティブなことも、意味がなく起こっていることはひとつもありません。全部「本当の自分」を知るために、あなたにとって必要だから起こっているのです。今経験していることに対してどんな気づきを得られるか、それがどんな未来を引き寄せられるかの分かれ目なのです。

幸せやいい気分になるのが難しいと考えるのではなく、自分にできることから思考の転換をしていってください。

思考の転換が得意になってきて、上手に幸せを感じられるようになってきたら、その先に、素敵な恋愛も待っていますよ。

毎日の幸せを創造する方法は『しあわせを創造するｎｏｔｅ』（Ｃｌｏｖｅｒ出版）でご紹介していますので、そちらも参考にしてみてください。

第４章

宇宙に思いが届く！
願いの叶え方

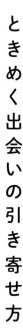

ときめく出会いの引き寄せ方

○自分の「好き」を感じていく

自分と似たもの、同調するものを引き寄せるのが引き寄せの法則。

「自分の好き」を自分でちゃんと知っていて、「好き」な人だったり、ものだったりを素直にいいなと思っていれば、なんの苦労もなく好きな人も引き寄せていけるはずなのです。

でも、「自分の好き」がわからないという人も意外に多いようです。

流行っているから、友だちがいいと言ったから、世間的にいいものだから、そんな理由で自分の「好き」を勘違いしてしまっている人がたくさんいます。

自分の「好き」を勘違いしたままだと、なかなか思うように引き寄せられないと感じるでしょう。素直にいいと思っていると簡単に引き寄せられるのですが、それを自分で閉じ込めてしまっている状態だからです。

自分の「好き」がわからなくなっている、感度が鈍くなってしまっている場合は、小さなことからひとつひとつ、自分の「好き」を感じていくしかありません。

たとえば、今日のお昼ご飯を選ぶときに、本当に食べたいものを選んでいますか？

そして、おいしいと感じていますか？　このことを自分に問いかけてください。

また、今度服を買うことがあったら、本当にときめいているのか、自分に確認しながら買うようにしていきましょう。「安いから」ではなく「好き」なものにちゃんとお金を使っていくことも大事です。

そして、次の休みはあなたが本当にやりたいことをやったり、行きたいところに行ってみましょう。友だちと予定を合わせる必要はありません。

友だちのことを気にしていたら、また、友人の行きたいところが自分の行きたいところだと勘違いしてしまうので、「ひとりで行く」という前提で、計画を立てて、実行してみてください。

そして、その一日が終わったら、本当に楽しかったか確認しましょう。

もし、楽しくなかったとしたら、じゃあどうしたらもっと楽しくなるかな、と自分を楽しませる工夫をしていきましょう。

それと同時に、今自分の周りにあるものや周りにいる人で、自分が「好き」と思えるポイントをどんどん探して書き出していきましょう。


自分の「好き」の感度を少しずつ上げていってください。

自分の「好き」がわかるようになればなるほど、引き寄せ上手になっていき、そして、ちゃんと「好きな人」も引き寄せられるようになっていきます。

○好きな人ができなくても大丈夫

恋は無理やりするものではなくて、落ちるものです。

恋愛は必ずしなくてはいけないものでも、しなくては幸せになれないものでもありません。もちろん、世間には恋愛するのが当たり前、という雰囲気があるかもしれませんが、周りは周り、自分は自分。世間に合わせる必要なんてありません。好きな人もいないのに、無理に恋愛する必要はないのです。

もちろん、恋愛することで学ぶことも多いので、ずっと恋愛しなくていい、という意味ではありません。もし、今出会いがないのであれば、今はその時期ではないということです。あなたの人生にとって必要なことは、必要な時期に必ず起こるようになっています。

恋愛することが必要な時期が来たら、好きな人が目の前に現れるはずです。

好きな人がいない時期は、無理に恋愛しようとせず、自分の本当に勉強したいことを始めてみたり、やりたいことに時間を使うほうがはるかに有意義です。

そうして、自分自身を活かして、高めていけば、自然と周囲にいる人も変わってきて、その中から好きな人も現れるかもしれません。

今、好きな人がいない、ということは、自分の居場所が間違っていたり、自分自身を高めきれていない、という可能性も大いにあるのですから、自分自身が変われば、状況も間違いなく変わってきます。

◯今日出会った人を数えてみる

もし、あなたの心がときめいていれば、ますますときめき溢れる毎日を引き寄せます。

ときめく男性が周りにいない！という人は、男性でなくとも、可愛い犬や猫、お花やアクセサリー、キャラクターグッズ、芸能人でもなんでもかまわないので、今、心ときめくものを身の回りに増やしていくことから始めてみましょう。

「彼氏がほしいほしいほしい……」と念じたとしても、引き寄せるのは、「彼氏がほしい＝今はまだ彼氏がいない」という現実だけ。

まずは、「大好きな彼氏がいたら最高だなあ」と願い（ステップ１）、そのあと、「今ときめきに溢れている」という状態をつくれば（ステップ２）、ときめく相手を引き寄せるのです。

そうすると、男性女性を問わず、ときめく出会いは必ず増えていきます。

好きな人や恋人は無理やりつくるものではなく、出会ったら自然と恋に落ちてしまうものなので、恋をしよう！　彼氏をゲットしよう！というハンターのような意気込みで毎日を過ごすのではなく、ただ、自分の心の赴くこと、心から喜びを感じることは何かということに向き合い、毎日を楽しく心地よくほんわか過ごすということを心がけてください。

出会いはほしいけど、合コンや婚活が苦手な方は、無理に行く必要はまったくありません。合コンへ行くか行かないかは、大きな問題ではないのです。

引き寄せで大事なのは、どう行動するかではなく、考え方や心のあり方です。

前章でご紹介した通り、出会いの場へ行かなくても、出会いはいくらでもあります。でも、あなたが「毎日家と職場の往復で出会いがない」と思っていれば、現実はその通りになります。

心から思っていること、感じていることと同じものを引き寄せるのが、引き寄せの法則。この法則は、いつでもどんなときも、正確に働いています。

「出会いがない、私の人生なんてこんなもの」という思いのまま、何か行動を起こしたとしても、いい出会いは引き寄せられません。

だからまず、「出会いがない」と思い込んでいる頭の中を、「たくさんの人に出会っ

ている」と書き換えていく必要があります。


今日、何人の人に出会いましたか？

新しく出会った人でなくても、恋愛にまったくつながらないような出会いでもかまいません。恋愛対象でなくても、お店の店員さんでもかまいません。

今日出会った人や話した人を夜、ノートに書き出してみましょう。

そして、もし会話したり、何か楽しい時間を過ごせたとしたら、そのことも書き出しましょう。そして、ああ、今日こんな人に出会ったな〜、この人とこんなふうに楽しかったなあ、という思いに浸ってみましょう。


それを、少なくとも1カ月間は続けてください。

そうして積み重ねて行くと、あなたの意識は「出会いがない」から「素敵な人にたくさん出会っているなあ」に変わっていきます。

そして、意識が変わっていくにつれて、本当に素敵な出会いを引き寄せていくようになります。そして、その中から、恋愛につながる出会いも出てくるのです。

イメージングで夢は叶う?

○想像しているときの「波動」が大事

大好きな彼や、理想の彼との恋愛や結婚をイメージし続けたら、その通りに願いが叶う、と聞いたことのある人もいるかもしれません。

「引き寄せの法則」は、「今の自分の波動と同調するものを引き寄せる」という法則なので、本来はイメージングとは直接の関係がないことです。

けれども、**イメージしたらその通りのことを引き寄せることもある**のです。

これは、イメージしているときに出している自分の波動に関係があります。

好きな彼とのあんなことやこんなことをイメージしているだけで、幸せが溢れ出てしまう……。そんなふうにイメージングをして、その波動に浸り切っていたら、その波動と同じものを引き寄せるので、幸せなことが引き寄せられてくるのです。

「イメージングで叶う」わけでもなく、「イメージしている時間の長さによって叶うかどうかが決まる」わけでもなく、大事なのはイメージしているときの「波動」です。

「現実はどうあれ」イメージの中で彼との幸せに浸り切れてしまう人は、本当に引き寄せが起きるでしょう。

また、「イメージしたら必ず叶う」とすでに信じ切れている人にも、イメージングは効果的です。

しかし、ありがちなのは、「現実は願いが叶っていない、だから、叶えるためにイメージしなきゃ！」とか「本当に叶うのかな」など、悲壮な波動を出してしまっていたり、疑いの波動を出してしまったりしている人は多いのではないでしょうか？

もしイメージするなら、現実を見ることや頭でいろいろ考えることを少し横に置いて、空想の世界、不思議の国の世界に飛び込んだような気持ちで、ただただうっとりしながらイメージしてください。

イメージングは毎日何分やらなくてはいけない、という決まりはありません。

イメージしているとき、あなたが幸せを感じるならいくらでもやればいいし、イメージしても現実のほうを見て悲観してしまうのなら、しないほうがいいのです。

◯「過去を思い出す感じ」がおすすめ

引き寄せに大事なことは、とにかく今幸せになること。

だから、毎日の生活の中で小さな幸せを見つけていき、自分が幸せを感じる行動をどんどんしていくことが大事です。

その「自分が幸せを感じる行動」の中にイメージングが入っているなら、メージングはあなたにとって夢を叶える素晴らしい手段になってくれるでしょう。

しかし、願いを叶えるためにがんばってやらなきゃ、と必死になってしまうタイプの人はイメージングに向いていません。

ちなみに、私のおすすめのイメージング法は、**「ああ、あのときあんなことがあっ**

て幸せだったなあ。そして、今のその彼と一緒にいられて幸せだなあ」というふうに、過去を思い出す感じでイメージングすること。

未来だと思うと、どうしてもそれを求めよう、叶えよう、引き寄せようとする意識は働きますよね。

この叶えようとする意識は、現実はまだ叶っていないという波動を出し、それが願いを叶えることを阻むのです。

でも過去を振り返る意識なら、それが起きません。

たとえば、恋愛成就が望みだったら、「大好きな彼とあんなこともしたね、こんなところも行って、楽しかったー」と浸ってみてくださいね。結婚したいのなら、感動の結婚式やハネムーンを振り返ってみるといいかもしれませんね。

○条件で選ぶのではなく、「心が動く人」を

また、「希望する彼の条件やスペックをリストアップしたら、その通りの彼が引き寄せられますか？」と聞かれることもよくあります。

理想の彼を引き寄せる方法として、このようなやり方が紹介されていることもあるようですが、私はこの方法をあまりおすすめしません。

たしかに、条件通りの彼が引き寄せられることもあるでしょう。

しかし、たとえうまくいったとしても、条件や状況は変わっていくものです。

最初は設定した条件を満たしていた彼が、いろいろなことがあって、途中から条件を満たさなくなった、というのはよくある話ですよね。

そうしたら、彼との恋愛や結婚をやめるのでしょうか?

最初は良くても、そのあとうまくいかなくなったときに、「人は条件で選ぶものではなかった」「条件で幸せになることはできなかった」と気づくときがくるでしょう。

それがその恋愛や結婚での学びだった、とあとあとになってわかるはずです。


結局のところ、いくら条件を設定したとしても、「あなたの心が動く人」「あなたが好きになる人」と、その条件とはまったく関係がありません。

大事なのは、条件ではなくて、あなたの心が本当に動く人なのか、あなたが心から好きだと思える人なのか、ということです。

条件に頼らなくても、あなた自身の心が、ちゃんとあなたのお相手を知っているのです。

条件ではなく、あなたの心が動く人、その人があなたの人生にとって大事な人であり、喜びをもたらしてくれる人です。

条件がどうあっても、まるごと受け入れられるような人、それこそが理想の彼ではないでしょうか。

自分と相手を逆にして考えてみてください。

あなたの条件がこうだったら愛してくれるけど、そうではなかったら愛してくれない人。そんな人と、良い関係が築けるでしょうか？

愛を分かち合えるのでしょうか？

どんな自分でも受け入れてくれる相手、一緒に成長していける人、それこそが「理想の彼」ではないでしょうか。

願いを放つときは、条件をリストアップするのではなく、「私が心から愛せる人、

私が無条件で惚れてしまう人と出会わせてください」とお願いするのがおすすめです。

条件に惑わされずに、あなたにとって本当に大事な人、本当に必要な人をぜひとも選び取っていきましょう。

どんどん理想だけは高くなってしまうという人もいるかもしれませんが、頭で考えすぎないことが大切です。

将来のことや結婚も見据えた恋愛を考えていると、パートナー選びの目はどんどん厳しくなりますよね。でも、恋愛は本来、頭ではなく心でするもの。

まずは「感情に敏感になる、感情に素直になる」ということを重視しましょう。

将来の安定のためでなく、「今自分の心が反応するかどうか」。大事なのはそこです。

愛というのは理由のない魂の惹かれ合いです。

愛した人が、たまたま世に言うハイスペックだった、ということはあり得ますが、そもそも条件で人を選ぶものではないのだと思います。

好きな人ができたらやってほしいこと

◯愛を感じている状態をできるだけ保つ

恋愛を引き寄せる準備、出会いを引き寄せる準備をしていくと、ときめく人に出会えるようになります。

好きな人がいる……それは、毎日が一気に輝くようなステキなことですね。これまでと同じありふれた日常なのに、彼がいるだけでも、ウキウキした幸せな気持ちが湧き上がって来ます。

でも、そんな素晴らしい出来事であると同時に、相手の一挙一動が気になって、不安も同時に湧き上がってくるかもしれません。また、「彼とうまくいくかな？」と未来のことばかり考えてヤキモキしてしまうことも多いものです。

彼を好きになって幸せで嬉しい気持ちよりも、不安やヤキモキのほうが大きくなってくると、良い引き寄せは起きません。

「引き寄せの法則」は本心から感じていることをそのまま引き寄せる法則でしたよね。だから、嬉しさより不安のほうが大きければ、不安になるような出来事を引き寄せてしまうのです。

彼との未来を考えてしまう気持ちもよくわかります。
彼とどうなりたいのか、どんなことを一緒にしたいのか、そうしたことを、素直に「こんなふうになれたらなんて素敵なんだろう！」と望むのはまったく問題ないし、無理だと思わずに素直に望みましょう。
でも、考えすぎて不安になってくるようなら、考えるのをやめる必要があります。

好きになった彼との良い関係を引き寄せていくために大事なのは、「あなたが彼に対して愛を感じている状態をできるだけ保つこと」です。
あなたが彼に対し愛を感じていれば、彼はあなたを心地よく感じます。でも、未来を考え始めて、不安の波動を出していたり、彼をコントロールするような思考になっていくと、彼は居心地が悪く感じ始めます。

○「彼がどう思うか」ではなく「自分がどう思うか」

好きな人ができたときに、毎日やってほしいこと、それは、**「あなたが感じている、彼を好きな気持ちを確認し、それに浸ること」**です。

好きな人ができると、とにかく相手に意識がいってしまいがちです。

純粋に彼のことが知りたいという興味ならいいのですが、「彼は自分をどう思っている？」「彼はあんなことを言っていたけど、それはどういう意味？」など、「彼が自分をどう思っているか？」が気になってしょうがない、そんな思考が巡ることが多いと思います。

でも、彼が自分をどう思っているかを考えるのではなく、

「自分は彼のどんなところに惹かれているのか」

「どれほど彼を素敵だと思う気持ちが自分の中にあるのか」
「どれほど彼の存在に対して自分が喜びを感じているのか」

そのように思考を転換していってください。

「彼が自分をどう思っているのか」を考え始めると、どんどん不安になっていくことが多いですが、「自分は彼をどう思っているのか」を考えると、彼に対する愛を感じている状態に自分を持っていくことができるのです。

大事なのは、彼が自分をどう思っているか、ではなく、自分が彼をどう思っているか、ということに集中すること。

あなたが愛を感じていれば感じているほど、愛溢れる現実を引き寄せていくことができます。

コントロールしたい気持ちを手放す

○「振り向いてほしい」は逆効果

好きな人はできたけれど、片思いの場合、その先を引き寄せたくなるはず。最初は見ているだけでも満足だったのに、話してみたい、仲良くなりたい、付き合ってみたいとどんどん欲求が高まってくると思います。

気持ちが高まれば高まるほど、なかなかうまくいかないという思いをした人も多いはず。

恋愛テクニック本などには、相手に好きだと悟られてはいけない、などと書いてあって、もうどうしたらいいかわからない、という人も多いかもしれません。

片思いがうまくいかないのは、あなたに魅力がないからでも、あなたが悪いからでもありません。ただ、思考の持ち方、波動の出し方が間違っているからなのです。

片思いのときは、「振り向いてほしい!」「両思いになってお付き合いしたい!」と強く思ってしまいがちですよね。

こうした思いが強いということは、あなたの波動は、まだ願いが叶っていないという波動です。このとき、相手に求め、コントロールや支配しようとする波動になっています。この状態では願いは叶いません。

外側を変えることで自分が幸せになろうとしている状態であり、願いが叶っていない、という波動をあなたが出しているからです。

相手に満たしてもらおうとするかぎり、満たされない自分というのが現実化してしまうのです。

「彼に振り向いてほしい」と思うのはどうしてでしょうか?

それは、まだ「振り向いてもらえていない」と思っているから、それを疑っていないからですよね。

だから、その「振り向いてほしいという状態＝まだ振り向いてもらえていないという状態」を引き寄せ続けてしまうのです。

片思いばかりで終わってしまう人は、たとえ相手が変わったとしても、この繰り返しをしてしまいます。

とくに、女性側がこのような波動の場合、男性側はコントロールされているように感じてしまい、そこから逃げたくなります。

「好きになって！」「振り向いて！」というような波動で男性を追いかけても、なかなか二人の関係は近づいていかないのです。

○「こうしてほしい！」ではなく「もっと知りたい」

こうなったらいいな、ということは遠慮せず、素直に望むことが大事です。

こうなったらいいなと思うけど、自分にはふさわしくないからいいや、などと遠慮していたら、叶いません。

だから、ほしいものはほしい、こうなったらいいなということを、まずは素直に願うこと。

素直に願えば叶うようになっているのが宇宙の法則であり、引き寄せの法則です。

素直に願ってよけいなことを考えなければうまくいくのですが、恋愛の場合、物やお金とちがって、相手が存在するため微妙な心持ちが絡んでくるので、そこからうまくいかない、ということがよくあるのです。

なぜ、うまくいかないかというと、それは相手を動かそうとしているからです。

もっとこうしてほしい、ああしてほしい、というふうに、相手に意識がいってしまっていることが多いと思います。

こうなってほしい、と素直に願うのはいいのですが、願ったあと、未来に意識を向けるのではなく、今をいかに楽しく幸せに生きていくかがポイントです。

恋愛においては、それが自分にとって大事なことゆえ、未来にばかり意識が向いていることが多いと思いますが、そのとき、現状への不満や不足感の波動を出してしまっているのです。

ではどうしたらいいかと言うと、「相手にこうしてほしい」ではなくて、「自分が相手をもっと知りたい」と願い、そういう考え方に切り替えていくのです。

こう切り替えるだけで、自分の出している波動ががらっと変わります。

好きだから、相手のことをもっと知りたいというのは当たり前ですよね。

ここでもし、相手のことを知りたいわけではないのなら、それはただ恋に恋しているだけ。相手に恋をしているわけではないので、もうその人のことは忘れましょう。

先ほども、相手に対する純粋な興味だったらいい、と書きましたが、**「好きだったら、相手に興味があるのは当たり前」と思うかもしれませんが、純粋な彼への興味ではなく、彼は自分をどう思っているのか、彼はどうしたら自分を好きになってくれるのかなど、自分に興味が向いているケースはとても多い**のです。

そうではなくて、彼の趣味は何なのか、彼が何を好きで何が嫌いか、彼はどんな価値観を持っているのか。

そういうことに興味を持ち、知りたい、と思えばいいのです。

相手のことを本当に好きなら、相手にもっと自分を知ってほしい、自分を好きになってほしいと相手をコントロールしようとするのではなく、自分がどうしたいのか、それが大事です。

相手を動かそうとしても、相手は動きません。

相手を動かしたい、と思うのは、今はまだ思うようになっていないという思いの裏返しであり、その現実を引き寄せ続けます。

反対に、**自分が心からこうしたいと思い、こうすると決めたことは必ずできるようになっているのが宇宙の法則**です。

コントロールされて嬉しい人はいませんが、自分をもっと知りたいと思ってくれている人を嫌がる人はいません。

だから、**あなたがこの人のことをもっと知りたい、と思うようになると、その人のことをもっと知ることができるチャンスが訪れます。そうやって、仲良くなっていくことができるのです。**

相手に好きになってもらおうとしているのか、自分の思いを実現しようとしているのか。自分は今どちらにいるのか確認しながら、好きな相手との関係をゆっくり育んでいきましょう。恋愛テクニック本に惑わされず、自分の好きだという思い、相手を知りたいという思いは大切にしていきましょう。

○「あなたがいてくれて嬉しい」

またもうひとつ大事なのが、「あなたがいてくれて私は嬉しい」という波動を出していくことです。その人の存在そのものが自分を喜ばせてくれている、それを感じて、表現していきましょう。

嬉しい、という波動は、ますます嬉しいことを引き寄せていきます。

そして、相手にとっても、自分が誰かの役に立っていると思えることは心地よいことですので、彼はあなたに好感を抱くようになります。

ここまで読んで、自分はどうして片思いばかりだったのか思い当たる人は多いは

第4章

宇宙に思いが届く!
願いの叶え方

ず。好きな人ができたら、先のことを考えてもっともっとと求めがちですが、ちょっと、「今」に立ち返ってみましょう。

たとえまだ両思いではなくても、彼があなたに与えてくれている幸せにあなたが気づけたとき、状況は変わっていきますよ。

相手を動かそうとするのではなく、自分の素直な気持ちを出して、愛の波動を出すこと。これが、好きな人を引き寄せる方法です。

愛と執着のちがい

○「彼の考えを尊重したい」は愛

彼との恋愛を成就させたい、というご相談はこれまでたくさんいただきましたが、かなりの割合で本当に彼を好きなのではなく、ただ執着しているだけではないのかな、と感じることがありました。

執着心を相手への愛情と勘違いしているケースが本当に多いと思います。

彼への気持ちが愛なのか執着なのか、こう考えてみればわかるでしょう。

彼が、今どういう状況であろうとも、何をしようとしていようとも、彼の選んだことを尊重したい、彼が幸せであったらいいと思えていれば愛情。

また、彼がどうあったとしても、自分が愛情という気持ちを抱けたことを彼に感謝できているなら愛情です。

逆に、彼に対して見返りを求めている状態、自分を愛してほしい、こうしてほしい、ああしてほしいと彼をコントロールしようとしているのであれば、それは執着です。

愛情とは、相手のことを思いやる気持ちや感謝であり、執着とは、自分のために相手や状況をコントロールしようとしている気持ちなのです。

また、愛しているときあなたは幸せですが、執着しているとき、あなたは不安です。ですので、執着から何をしたとしてもうまくはいきません。不安は、不安しか引き寄せないからです。

恋愛のことでもそれ以外のことでも、素直な願いと執着のちがいは、こう考えるとわかります。

素直な願いは、「こうだったらいいな」と思っている状態。

執着は、「こうでなければだめだ」と思っている状態。

これは、似ているようで完全に非なるものなのです。

○「こうでなくてはいけない」は執着

人は今幸せであれば、「こうなったらいいなあ」(でもならなくてもいい、今幸せだから)と思えますが、今不幸であれば「こうでなくてはいけない」(そうでなければ幸せではないから)と思ってしまうものです。

だからこそ、願いが叶っていようがいまいが、まず幸せになることが大事です。

彼と恋愛成就したいという願いは同じでも、一方は愛をベースにしており、一方は不安をベースにしています。

愛から彼との恋愛成就を望むとき、ちゃんと愛を引き寄せていきますが、執着から恋愛成就を望んでも、不安しか引き寄せないでしょう。

また、なかなかうまくいかないけど、ひとりの人を長く思い続けてしまう場合、それが魂の縁なのか執着なのかの見極めも大事です。

魂の縁であれば、たとえ今離れていたりうまくいっていなかったとしても、なんとなくつながっている気がする、いずれまたつながると思えている、つまり、不安ではなく安心している状態になることができていますが、この人を逃すとあとがないなど、恐れや不安を抱いている状態であればそれは執着です。

執着が悪いということではありません。どんな経験も学びになりますから。

しかし、**執着は愛ではないので、愛を引き寄せることはできません。**

彼に幸せを委ねてしまうと、こうでなくてはいけないなど、最初愛だったものがすぐに執着に変わってしまいます。もし、執着している状態になったら、まずいったん彼や恋愛から距離をおき、仕事でも趣味でもなんでもいいので、自分を自分で幸せにしていくこと、自分の人生を自分でどんどん楽しいものにしていきましょう。

彼がいる人は、彼に愛を求めるのではなく、愛を与えてください。そうしたら、間違いなく愛が返ってきます。

愛を与えるというのは、彼を束縛したり、コントロールしようとしたりするのではなく、彼自身のありのままを輝かせる、彼が自由に羽ばたけるように見守り、サポートし、彼に感謝している状態のこと。大きな愛で彼を優しく包み込むことです。

そうして、自分が自分を幸せにして、彼に愛を与えて、彼に幸せを求めなくなればなるほど、求められるようになっていきます。

求めなくなると求められる。自分自身が満たされて求めなくなると、さらに満ちてくるのです。引き寄せの法則はいつも逆説的に働きます。

○最高の片思い

好きな人ができた当初は楽しかったけど、片思いの期間が長くなってきたらだんだんとつらくなっていった、という経験のある人は多いと思います。

この恋がもし実らなかったとしたら、苦しみや悲しみしかない、という人もいるでしょう。自信をなくしたり、「やっぱり自分は愛されないんだ……」と心の傷になってしまったりすることもあるかもしれません。


でも、恋が成就しなかったからといって、不幸なのでしょうか？

あなたは好きな人がいなかったときよりは、好きな人がいるという状態のほうが幸せなはずです。それはわかっているけど、片思いはつらい。どうしてもこの恋を実らせたい。

そんなときは、こんなふうに考えてみましょう。

片思いの経験がある人はわかると思いますが、好きな人ができると、その人に好きになってもらうため、その人に見合う自分になるため、自分磨きをがんばる人が多いと思います。女性は恋をするとみんな綺麗になっていきますものね。美容方面だけでなく、趣味や仕事を充実させて自分を高めていくことも、とてもいいことです。

その人を好きになってどのくらい経ちましたか？

その間、自分が成長できたことはなんでしょうか？

こんなふうに、その人を好きになってから自分を振り返ってみましょう。

その人がいたからこそ、自分が成長できたことがたくさんあると思います。

そして、それに気づけたとき、あなたは**「もしこの恋が成就しなかったとしても、この人を好きになってよかった」**と思えているはずです。

そしてあなたは「今ある幸せ」「今ある感謝」に存分に浸りきっています。

そう、恋が成就しなくたって、あなたはもう幸せだったのです。

相手に純粋に感謝し、そして相手には何も求めていない波動の状態になることができているのです。

○「叶っても叶わなくてもどっちでもいい」状態がベスト

片思いだったけど、この人を好きになったことで私は成長できた。

この恋が成就しようがしまいが、この人に出会えて好きになれて、本当によかった。

この人がいてくれてよかったと思い、相手に対して心から好意と感謝を感じられたとき、あなたは心から幸せを感じ、満たされているでしょう。

願いが叶うのは、現状を受け入れているとき、感謝や幸せを感じられているときです。今ある幸せに気づき、願いが叶おうが叶うまいが、どっちでもよくなっている、それが願いがもっとも叶いやすい状態です。

必ず、あなたにとっていいことが起こりますよ。

恋愛にかぎらず、あなたの前に現れている人間関係は、好きな人であっても嫌いな人であっても、すべて、あなたを、そしてあなたの魂を成長させるために現れています。

たとえ一方的な思いであったとしても、その人とのかかわりの中で成長できた自分に意識を向けることができたとき、その片思いは決してつらいものではなく、とても大切なものとなります。

素晴らしい経験をさせてくれた相手に感謝の気持ちが湧き上がってくるはずです。

これぞ、最高の片思いです。

心が惹かれるのは、あの人も同じ気持ちだから

◯彼があなたを引き寄せている

引き寄せの法則をきちんと理解し、実生活で思考と波動を整えていけば、あなた次第でどんな願いでも叶います。

と言っても、恋愛や結婚は相手のあることだし、恋を成就させるのはなかなか難しい、と思う人は多いようです。

しかし、**引き寄せの法則的宇宙の真実は、あなたが本当に相手のことを思い、心から好きなら、相手もあなたのことを好きだし、思いを馳せている**ということです。

あなたが心惹かれるということは、それを向こう側が望んでいて引き寄せているということでもあるからです。

本当に思っているとか、心から好きというのは、この恋が実ったとしても、実らなかったとしても、そういったことには関係なく、彼のことを男性として、そして人間として素敵だと思う、尊敬している、愛している、という状態です。
あなたがあなた自身の魂とつながっていて、つながっているからこそ、自分の魂と本当につながりのある人たちを引き寄せて、魂の縁を感じとることができるようになっているのです。

しかし、あなたのほうに打算がある場合は、このかぎりではありません。
打算というのは、

・愛しているわけではないけど、結婚してくれそうだから好きだと勘違いしている
・尊敬しているわけではないけど、いい職業に就いていて結婚したら安定しそうだから好きだと思っている

などのことです。

そうした打算ではない、あなたが本当の愛を相手に抱いている場合、相手もあなたに特別な感情を持っています。そうでなければ、あなたが相手に愛を感じるはずはないのです。すべてはつながっているのですから。

○頭ではなく、心で愛を感じているか

「愛」という感情を感じるのは、魂の気づきや成長に必要な人に出会ったからだということは、一番最初に書きました。

そしてあなたが心から愛を感じているのであれば、相手も同じように感じています。そうやって、魂の成長に必要な人とはお互いちゃんと惹かれ合うようになっているのが、この宇宙の仕組みです。

だからこそ、「あなたが相手を思う気持ちは本物なのか？」、そこをちゃんと見つめていくことが大事です。

恋愛していないと不安だから、とか、周りからのプレッシャーや将来への不安からそろそろ結婚したいからとか、そうした「愛」以外の動機が混じっていないか、確認

してみましょう。

頭ではなく、心で愛を感じているか。執着ではなく、愛しているのか。

じっくり自分の心を見つめてみてください。


恋愛下手だから、どうしたらいいかわからないという場合でも、「その人」に出会ってしまえば、自然と振る舞えるようになります。


もちろん、多少の勇気が必要な場面というのは出てきますが、自然とその人と関わることができるように導かれるので、心配ありません。

無理やり恋愛上手になろうとしたり、上手にアプローチしなければとがんばる必要はないのです。あなたは、あなたのままでいい。

そのままのあなたで、魂でつながることのできる人をちゃんと引き寄せることができるのですから。

告白と引き寄せ、どちらが恋愛成就する?

○告白する、しないは関係ない

「好きな人がいて、その人と付き合いたいと思っているけれど、自分から告白して気持ちを伝えなくても、引き寄せの法則を使えば、相手から告白されて付き合えるようになるのかな?」という疑問を持っている人もたくさんいると思います。

この本でも波動さえ整えれば引き寄せることができるとお伝えしていますし、引き寄せを実践すれば何もしなくても勝手に引き寄せられる、と書いてあるのを読んだことがある人も多いかもしれません。

好きな人と関係を深めたいときに、告白したほうがいいのか、しないほうがいいのかで悩む人は多いかもしれませんね。

でも実は、「告白する」「しない」がその彼とうまくいくかどうかの分かれ目ではないのです。なぜなら、現実を引き寄せているのは、行動ではなく、波動だからです。

あなたが、今、(片思いだとしても)彼との関係をとても楽しんでいて、「当然うまくいく」と思っていたら、告白しようがしまいがうまくいくし、「うまくいくわけない、私なんて」という思いが強ければ、告白してもしなくても、どちらにせようまくいきません。

思い通りに、本心の通りに、現実を引き寄せるからです。

○無理を感じる行動はしなくていい

基本的に、「本当にこうなったら最高だな」と素直に願っていて、「絶対に無理だ、自分なんてダメだ」という思いでそれを打ち消していなければ大丈夫。

何も特別なことをしなくても、毎日できるだけ楽しく前向きに生きていると、願望は向こうからやってきて叶います。相手から告白される、というようなこともあるでしょう。

自分の状態を整えて待っていれば叶うのですが、その待っているときの本心が「宇宙が与えてくれないなら、今のままでいいや」というものだったら、もちろん叶いません。

「当然そうなる、楽しみだな」という前向きな思いで待っているのと、「うまくいかないなら彼はいらない」という消極的な思いで待っているのとは、まったくちがうのです。

もちろん、当然そうなる、楽しみだな、という思いで待っている最中に、急に告白したくなったり、自分から何かをしたくなったりしたらそうすればいいのです。

動いてはいけない、ということでは決してありません。

どんな気持ちで、どんな思いで動くのか、それが大事です。

自分が無理を感じる行動はしなくていい、ということを覚えておいてください。

待っていても、自分の思考と感情さえ整えていけば、向こうから引き寄せられてきます。でも、喜んでこうしたい、自然とそうしたくなる、というような行動はもちろんしても大丈夫です。

これまで何度もお伝えしている通り、相手を動かそうとしても動きません。そうではなく、（たとえまだ片想いであったとしても）彼との関係を楽しみ、彼の与えてくれるものに感謝し、ただ宇宙を信頼して待つ。そして、自分はどうなのか、どうしたいのか、そこにいつも立ち返ることが大事になってきます。

彼が好きだという気持ちは愛なので、それは大事にしていきましょう。告白する、しないはどちらでもいいのですが、できる範囲で好きという気持ちを表現するのは、自分自身を表現していくことでもあるので、素敵だと思います。

心から彼を好きで、「彼と付き合えたら最高だなあ」という素直な思いを持つ。そして、それ以外の思いをできるだけ減らしていけば、現実は望む通りに動いていくでしょう。

復縁したいときほど、自分に集中する

◯相手に一切期待しない

パートナーとの復縁についてのご相談もよく寄せられます。

別れてしまったけど、別れたからこその人の良さを再認識し、本当にあの人がいいと、打算ではなく心から相手を思う気持ちがあるのであれば、復縁も不可能ではありません。

ただし、**やり直したいのであれば、別れてしまった状況のときの自分から変わらなくてはいけません。**

自分が変わっていなくては、たとえ再会したとしても、また同じことが繰り返されるだけでしょう。

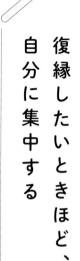

現実を引き寄せている大元は自分だということは、これまで何度もお伝えした通りです。

自分が変わると、相手も状況も変わっていきますが、自分が変わることなしに、相手も状況も変わることはありません。

もし復縁したい相手がいるのなら、あなたはあなた自身の道を歩くことで、自分の自信と魅力を引き出し、相手があなたのことを再び好きになって追いかけてくる状況をつくる必要があります。

だから相手には一切期待せず、自分自身を立て直して、より一層輝かせるための時間を持つことが大事です。

復縁には冷却期間が大事とよく言われますが、それは、自分のエネルギーを変化させ、高めていく期間がどうしても必要になってくるからなのです。

復縁したいと思うからこそ、追いかけてしまったり、しつこくしてしまう……という気持ちはわからないではありません。でも、しつこくしてしまう行動の原因がどこから来ているのか、考えてみましょう。

ちょっと冷静になれば、それが「愛」ではなくて「不安」から来ている、ということがすぐにわかるでしょう。

○焦って行動を起こさない

「不安」から出た行動は、「不安」しか引き寄せません。自分が出している波動と同じものを引き寄せるのが法則ですから。

不安なまま行動して、相手をコントロールしたい、相手によって自分を満たしてほしいという波動を出しているかぎり、相手は逃げたくなるのです。

不安から出た行動は何をしても良い結果を招きません。

相手を本当に思っているなら、相手の都合も考えられるはずです。

そして、**相手にわかってもらおうとか、相手を変えようとするのではなく、自分自身と向き合う**のです。

復縁するために大事なのは、不安が解消するまでは、彼に対して何の行動もとらないということ。

彼から連絡が来れば不安が解消すると思うかもしれませんが、逆で、自分自身で不安を解消できたら、不安に思わないような現実を引き寄せることができるのです。

彼と離れてしまっているなら、なんとか連絡を取ったりしようとするよりも、離れて自分を見つめていくことのほうがずっと大切です。

別れたときは、「自分に集中するチャンス!」とも言えるのです。

○「彼待ち」している時間は不要

彼が戻ってくるのをずっと待っていて、今後どうなるかも彼次第で、自分の人生をストップさせてはダメです。

復縁したい人が今からしなくてはいけないのは、彼の存在と同じくらい、自分が夢中になれることを探すことです。

これが「私の人生」と言える魂の道を見つけ、その道を歩いていくこと。

もちろん、そんなに簡単には見つからないかもしれません。だからこそ、もっと自分の人生に真剣になるのです。

彼に関係なく、これまでやってみたかったこと、興味があることをどんどん行動にうつしてみましょう。そうすると、またどんどん新しい出会いがあったり、新しい可能性に目覚めて、毎日がどんどん楽しくなってくるでしょう。

彼に向けている強力なエネルギーを、自分の人生のために使っていきましょう。

そうして、彼がいなくても自分の人生は素晴らしいと気づき、毎日を生き生きと笑顔で前向きに、そして真剣に生きるようになると、そんな波動に彼はまた惹きつけられるようになるでしょう。

そのとき、彼のことをちょっと振り返ってみてください。今、自分が自分の道を歩いて、充実した毎日をおくれていること。それは、彼があなたから去っていったおかげですよね。

そんなふうに、彼の存在に感謝できるようになったとき、彼がまた戻ってくるか、あなたの波動に見合った素晴らしい別の人を引き寄せるでしょう。

復縁は駆け引きではなく、誠心誠意な気持ちが大事です。

さまざまな恋愛テクニックや復縁テクニックが溢れていますが、**復縁できるかどうかのポイントは、彼を思う気持ちが本物なのかどうか。**

そして、彼を思う気持ちと同じくらい、自分自身を大事にできるかどうかです。

しっかりと自分と向き合う期間をとり、エネルギーをアップさせたら、自然と良い流れを引き寄せていきます。

結婚の引き寄せ方

◯どうして結婚したいの？

「結婚したいんですが、引き寄せられますか？」というご質問はよくいただきます。
そのとき、私はこう質問します。「どうして結婚したいんですか？」と。
そのとき、

「老後ひとりになりたくないから」
「子どもを産むには年齢にリミットがあるから」
「ひとりだと経済的に不安だから」
「行き遅れになるのが嫌だから」

「適齢期なので親や世間の目が気になるから」

「仕事が嫌で辞めたいから」


という答えが返ってくることがとても多いのです。

90％以上の方が、右のどれかを答えます。そして、こう答える人はなかなか結婚を引き寄せられていない人なのです。

なぜでしょうか？

それは、**「どうして結婚したいか？」という質問の答えになっていない**からです。

これらの答えは、結婚しなかったときに自分が困る理由について述べているのであって、結婚したい理由にはなっていません。


老後ひとりがさみしければ、老人ホームという手もあるし、結婚しなくても子どもを産めないことはないし、ひとりで経済的に豊かになることも可能だし、仕事が辞めたいのなら結婚しなくても辞めることはできます。

また、結婚したからと言って仕事が辞められるとはかぎりません。

世間や親の目など気にせず、あなたの好きなように生きていいのです。

○「望まないこと」に意識を向けない

つまり、「結婚したい」と言いつつ、まったく結婚には関係のない望み方をしているわけです。

このようなことが結婚したい理由なら、本当の意味で結婚を望んでいるわけではないと言えます。望んでいないのだから叶うわけがないのです。

あなたが宇宙に望みをちゃんと伝えていないという状態だからです。

そしてさらに、

- **老後ひとりになるのはさみしい**
- **出産の年齢には制限がある（だから産めないのは嫌だ）**
- **経済的に不安がある**
- **周りの人から、行き遅れだと思われたくない**

・仕事が嫌だ

という、「自分の望まないこと」に意識が向いてしまっています。
「自分の望まないこと」に意識が向いているかぎり、「自分の望まないこと」を引き寄せ続けます。これが、現状への不足感や不安感をベースにした望みは叶わない理由です。

ではどうしたらいいのでしょうか？
自分で「結婚したい理由」をしっかり考えてみましょう。
本質的な結婚したい理由というのは、基本的にこれしかありません。

「大好きな人と、愛し愛されながら、喜びも悲しみも乗り越えながら人生を共にしていきたいから」

そして、もし結婚したなら、もし大好きな人と愛し愛されて、協力しながら家庭を築いていけたなら、どんな気持ちがするだろう?と考えてみてください。

そう、もしそうなったら「幸せ」ですし、毎日は「喜び」に満ち溢れるでしょうし、時には大変なこともあるかもしれないけれど、一緒に乗り越えていこうという「前向き」な感情がありますよね。

このように考えるとき、あなたはちゃんと自分の「望むこと」や「望む感情」に意識を向けることができています。宇宙に正しく望みを放っている状態なのです。

本当に結婚したいのなら、正しく素直に望みましょう。

「本当に結婚したい理由」にまず、意識を向けるのです。

願いが叶う過程は、そこから始まります。あなたが望んでいないことに意識を向けているかぎりは、望んでいるようにはならないのですから。

◯結婚したいなら覚悟を決める

正しく願いを放ったなら、次に大事なことは、「結婚する覚悟を決める」ことです。

「彼氏がいて結婚したいと願っているのに、なかなか結婚に至らない」というお悩みもよく聞きますが、その原因は彼にあるのではなく、**あなた自身が結婚にブレーキを踏んでいる**からです。

「結婚したい！」と願いながら、

- **自由な時間がなくなったらどうしよう……**
- **義家族とうまくいかなかったらどうしよう……**
- **家事とかちゃんとやっていけるのかな……**
- **二人の関係がうまくいかなくなったらどうしよう……**
- **経済的に結婚生活やっていけるのかしら？……**

など、結婚したら起こるかもしれない不都合のほうを気にしていたら、もちろん結婚は叶いません。それは、本心では「叶ったら困る」「叶ったら不都合が起こる」とブレーキをかけている状態だからです。

引き寄せの法則は、あなたが本心で思っている通りのことを引き寄せるので、結婚したいという望みが叶わないのです。

もし、自分が自分でブレーキをかけているなと思うなら、こんなふうに思考を書き換えていきましょう。

・自由な時間は、二人で話し合ってつくればいい
・人間関係に悩んだら、彼に相談して一緒に解決すればいい
・家事もできないなら、外注や機械に頼るなど、一緒に解決策を見つければいい
・もし二人の関係がうまくいかなくなったら、そのとき最善の方法をとればいい

「だから、どんなことが起こっても大丈夫なので、私は心から結婚を望みます」と。

◯結婚適齢期は人それぞれ

結婚適齢期だから結婚したいと思う気持ちも理解できます。

だからと言って、そのような理由で結婚を決めてしまっていいのでしょうか？

結婚は、必ずしなくてはいけないものでも、適齢期が来たらするものでもありません。お互いが魂の学びの相手として必要とするときに、結婚ということになるものなのです。

まずは、「私は魂からこの人との結婚を望んでいるのだろうか？」とじっくり考えてみることが大事です。

すぐに答えは出ないかもしれませんが、そう考え始めることによって、見えてくるものや気づきがたくさんあるはずです。


「自分が本当に魂からこの人を愛していて、この人と結婚したいのか？」

この問いに自信を持ってＹＥＳと答えられるのであれば、心配しなくてもちゃんとあなたの願いはベストタイミングで叶えられます。

だから、結婚を焦るのではなく、大好きな彼との結婚前の生活を楽しんじゃおう、と思考を転換してください。

結婚したらよくわかりますが、独身時代の時間はとても貴重です。

結婚を焦るよりも、ひとりでいられる時間を楽しむほうが幸せなはずです。

幸せを引き寄せたければ、まず、自分が幸せになること。今ある幸せに目を向けること。これが、引き寄せの法則の基本です。

あなたの幸せが結婚や彼氏に依存しなくなったとき、あなたは最高の幸せを引き寄せるでしょう。


もし、魂から愛しているわけではないかもしれないけれど、年齢も年齢だし早く結婚したい、というように、不安や焦りをベースに出てきた望みから結婚を引き寄せようとしても、ますます焦りや不安を感じるような現実を引き寄せるだけです。

このような場合は、結婚への意識を趣味や仕事など、他のことへ向け、自分自身の生活を充実させ、焦りや不安を減らしていく努力をするということが大事です。


結婚したいのは、行き遅れるのが不安だから？

今が不安定で安定したいから？

それとも、その彼が大好きでずっと一緒にいたいから？

同じ「結婚したい」でもあなたの本心によって、結果として引き寄せるものはまったく異なってきます。

自分の本心をよく見つめましょう。もし、不安や焦りから結婚を望んでいるのなら、今は結婚のことを考えるのではなく、本当の本当に心から望んでいる人生は何かを考えるときです。

結婚の「適齢期」は、人によってちがいます。その人の魂のシナリオは、みんなちがうのです。それを適齢期に当てはめようとするのが無理な話です。

世間の価値観や情報に惑わされるのではなく、自分自身の「適齢期」を探していきましょう。

○「どんな状況になっても彼とならなら大丈夫！」

結婚したらもちろんいいこともありますが、いいことばかりではありません。それは、人生どんなシーンにおいても同じです。

結婚したってしなくたって、幸せは自分次第です。結婚したからといって、自動的にバラ色の人生が待っているわけではないですよね。

本気で結婚を願うのであれば、これからどんな不都合が起こっても彼となら大丈夫なのか自分に聞いてみましょう。

先ほど、条件で結婚相手を選ぶのはおすすめしない、と書きましたが、今より自由がなくなっても、人間関係が大変になったとしても、どんなことが起こっても一緒に乗り越えられると思える人、それほどまでに好きな人とやはり結婚はするべきだと私は思っています。

そうでなければ、その前提条件が崩れたときや、人生に逆風が吹いたときなど、いずれ、その結婚に悩んだり後悔したりする日がくる可能性がとても高いのです。

もちろん、そうなったとしても、それは学びですし、そこから幸せになれるかは自分次第ではありますが。

逆に、もしあなたが今心から愛している人を選んだとしたら、将来どんなことが起こったとしても、どうなったとしても、それを受け入れられるでしょう。

そんなふうに覚悟を決めて、あなた自身が「今すぐ叶っても大丈夫、どんな状況になっても彼とならば大丈夫！　だから結婚したい！」と、思えるようになると、願いはとんとん拍子で叶っていくでしょう。

「魂の縁」かどうか見極める

○確信に近い思いが訪れる

「私、今の彼氏と結婚できますか?」
「結婚相手、見つかりますか?」

周りの人が結婚し始めたり、長く付き合っている彼氏がいたりすると、急に「結婚」について気になる人も多いようです。

「結婚」は魂同士の結びつきだから、何かをしたらうまくいく、というようなものではなく、自分の魂に従えば、ちゃんと魂で決めてきた相手に出会って結婚するようになっています。

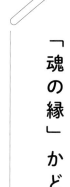

「恋愛」には恋愛テクニックが使える場合もありますし、それで恋愛がうまくいったり楽しくなるケースもあると思います。

でも、「結婚」となるとまったく別物。結婚は、「魂の縁」がなければできないし、なんのために結婚するかというと、究極のところそれは学びのためだからです。

すでにお伝えしたことですが、もしあなたが結婚する縁のある人に出会いたいなら、**恋愛テクニックよりも、「自分自身であること」が大事**になってきます。

「決めれば叶う」と聞いたことがある人は多いと思います。

たとえば、結婚することを素直に願い、心から決め信じていれば、結婚することになります。自分が信じていることが、現実になるからです。

しかし、「決める」とか「信じる」というのは、無理矢理に思い込むこととはちがいます。心に決めて信じるということは、自然に、理由もなく、そうなる確信がある、それを疑っていないという状態になっているということです。

結婚は、魂の縁があってするものです。

お互いの魂の成長のために、この世で出会って、深い関係を持ち、磨き合っていきましょう、という約束がそもそもあるのです。そうした縁のある人というのは、どんな人にでも存在します。そして、その縁がなければ結婚に至ることは難しいのです。

こう書くと、全部自分が引き寄せているのではないの？と思うかもしれませんが、「自分」には魂もふくみます。

というよりは魂のほうが自分の本体になってくるので、魂から望んでいない方向へは行きにくいし、魂が望んでいるほうへ引っ張られるのです。

○縁があれば、とんとん拍子に動く

逆に、縁がある人に出会い、好きになれば、あなたはたとえ今の状況がどうであったとしても「この人と結婚する」と決めるか、信じることができます。

または、そのようなことは気にしていない状態、自然体の状態になります。

彼が本当の魂の相手であれば、決めよう、信じようとしなくても、自動的にそうなってしまうはずです。

「特定の人を引き寄せられますか？」「この人と結婚したいけど引き寄せられますか？」というようなご相談もよくいただきますが、その人を心から、魂から愛しているのなら引き寄せられます。

「執着しているだけ」なのか、「愛による魂の結びつき」なのかの見極めが大事ですが、答えはあなた自身が知っています。

仲良く長く付き合っても結婚に至らないこともあれば、二度目や三度目のデートで結婚が決まったという話もよく聞きます。

現状は本当に関係がないのです。たくさんデートしたからと言って、同棲したからと言って、必ず結婚するというわけではありません。

そのちがいはどこから来るのかというと、そこに「魂の縁」があるかどうかです。

魂の縁を見極められれば、結婚を無理やり決めようとせず、「ただ、そうなる気がする」「そうなってしまった」「深いところでそうなる確信がある」という状態になります。

あなたは、その縁も、魂の約束もちゃんと知っています。あとは、それを思い出してあげるだけなのです。

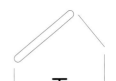

玉の輿に乗りたい！

○「ラクしたい」目的では叶わない

玉の輿に乗りたい、という望みもよく聞きます。
望みがあるときは、その理由を掘り下げてみることをおすすめしています。
お金持ちの彼と付き合いたいのはどうしてでしょうか？
なぜ玉の輿に乗りたいのでしょうか？
豊かに暮らしたいと願うのは、人間として自然なことだと思いますが、その裏に、
人生は大変だからラクしたい、仕事から逃げたい、貧乏が怖いというような思いがあ

るとしたら、その本心がそのまま現実に現れるので、いつまでたっても、大変な人生や仕事、お金に困った生活を引き寄せてしまいます。

ですので、その場合はまず、あなたの「人生は大変だ」「仕事が嫌だ」といった思い込みや「ラクしたい」という思いを修正して行く必要があります。

「そもそも人生は楽しくて豊かなもの」という思考に変えていくと、実際にとても楽しく自由に豊かに生きている人に出会ったりするなど、その証拠が集まり始めます。

まずは、自分の考え方を変えていきましょう。

あなたの考え方が変わっていけば、あなた自身もそのような人生を引き寄せていくことができます。

とにかく、まず大事なのは、自分の考え方の方向性を変えていくこと。あなたが心から信じている通りに現実が展開されていくのが、引き寄せの法則です。

○お金持ちと同等のエネルギーになる

「玉の輿にさえ乗れば人生楽勝」と思う人も多いかもしれませんが、残念ながらそうはいきません。

人生は例外なく、自分が設定してきた魂の望みを叶えていくためにあるので、そのために必要な学びは必ず起こってきます。

お金持ちの彼と付き合っても、玉の輿に乗ったとしても、それが必ず幸せでもないし、人生勝ったことにもなりませんが、それでも玉の輿に乗りたい、という人のための引き寄せ方をお伝えします。

お金持ちの男性は、仕事や自分のやりたいことを前向きにがんばっていて、エネルギーが高く、豊かでパワフルな波動をまとっている人が多いです。

パートナー同士は必ず、エネルギー的に釣り合った人を引き寄せ合います。

つまり、お金持ちの彼と付き合いたいのなら、自分自身のエネルギーを高めていく必要があります。

それは、必ずしもあなたがお金持ちでなくてはいけない、という意味ではありません。お金持ちでなくてもまったくかまわないのですが、**人生に対して前向きで、毎日**

やりたいことに取り組みながら、生き生きと輝いている必要があります。

それは仕事でなくても、趣味や美容などでもかまいません。そうした状態が、エネルギーが高い状態なのです。

そうやって自分自身のエネルギーを高めていけば、あなたの行動範囲もこれまでとは変わってくるはずです。自然とエネルギーの高い男性との出会いを引き寄せる場所に移動しているはずなのです。

そうしたときに、あなたは、自分のエネルギーに釣り合った、素敵で豊かな男性を引き寄せることができますよ。

不倫の恋も実る？

○好きな気持ちはコントロールできない

「引き寄せの法則で不倫も成就しますか？」と聞かれることもよくあります。

今の現状から逃げたい一心で不倫に走る、というような場合だったら、何の学びにもならないし、周りを振り回し、傷つけるだけなので、不倫は良くないことと言えますが、ただ一概に不倫は悪いものと言い切ることはできません。

不倫も、魂の成長のために起こる、つまり、そもそも起こるように設定されていて、そこに魂の学びに必要な何かが隠されている、という場合があるからです。

たとえば、偽りの自分に別れを告げて本当の自分を引き出すために出会う、など、「本当の自分」をもっと知るために、そのようなことが起こることがあります。

結婚していたとしても、別の誰かを好きになってしまうことはあり得ると思います。

また、結婚している人を好きになってしまうこともあるでしょう。

というのも、誰かを好きになる気持ちというのは、コントロールできるものではなく、自然と湧いてくるものだからです。

人を好きになる気持ち、素敵だな、いいな、と心から思う気持ちは、魂の望む方向性を指し示すひとつのサインであり、愛です。

自分の状態と同じものを引き寄せるのが引き寄せの法則。

あなたが愛を発している状態になると、愛を引き寄せるので、その愛は大切にしたいものですが、「結婚していても好き放題してもいい」「人のものでも奪っていい」ということでは決してありません（ただ、結婚しているからといって、人は誰のものでもない、とは思いますが）。

そのような破壊的な波動は、同じく破壊的なものしか引き寄せないからです。

「素敵だな」「いいな」と思う気持ちは愛ですが、「自分のものになってほしい」と思

い始めると、所有欲になってしまいます。

○本物の愛なら、最善の形に収まる

不倫については、社会的なルール違反ですから、それなりの代償を伴うこともあるものです。

たとえ代償を伴ってもその人を本当に愛しているのか、その人でないとダメなのか、そうした見極めはとても大事になってくると思いますし、安易にしていいものではありません。

「本当に愛している」というのは、相手と結婚できようができまいが、相手が何かをしてくれようがしてくれまいが、そうしたことに関係なく、相手のことを思っている、相手の幸せを願っている、という状態です。

もし結ばれなかったとしても、その人を愛せてよかったという、その人に人生捧げるくらいの覚悟があるなら、その愛を貫くのは素晴らしいことだと思いますし、その中で必ず成長や学びがあるでしょう。

覚悟があり、本当に彼を愛しているのであれば、最終的に誰にとっても最善の形で収まりますので、その愛を抑える必要はありません。

ただ、その最善の形に行き着くまでに、時間がかかることもありますし、途中の道のりは辛いことも大変なこともある場合もあります。


不倫の愛を成就できるのは、何があったとしてもその愛を貫く覚悟のできた人だけです。


大事なのは、彼を愛することで、あなた自身が幸せで、笑顔でいられることです。

彼との関係の中の幸せをあなたが見続けることです。

白黒すぐにはっきりさせようとするのではなく、彼と過ごせる時間や、彼との関係の中で幸せを感じ続けること。


幸せでいられるのであれば、あなたは必ず幸せを引き寄せます。

逆に、彼を愛することで、あなたが嫉妬で苦しんだり、相手の離婚を願ったりするのであれば、それは幸せとは言えませんよね。

そのような状態であれば、不倫は成就することはないでしょう。あなたが幸せでなければ、幸せを引き寄せることはできないからです。

結婚はひとつの学びだとお伝えしましたが、自分が結婚している場合、その学びが終わらないうちに、次へ行ったとしても相手が変わるだけで、同じ学びが繰り返されるでしょう。

また、**相手が結婚している場合、相手は学びの最中なので、あなたにできるのは、その彼が無事にその学びを終えますようにと願うことしかありません。**

そのように願うことができるということは、相手を本当に思っているのでしょう。

相手の真の幸せを願うことができているということ。それは、愛の状態です。

あなたが相手の幸せを考えられるのであれば、不倫が一概に悪いとも言い切れません。そのような場合は、無理やり奪うような方法ではなく、自然と、落ち着くべきところに落ち着きます。その意味で、あなた次第で不倫の恋も引き寄せられることはあるでしょう。

○無意識のうちに、結婚や出産から逃げているケースも

不倫をしてしまう理由は他にもいくつかあります。

たとえば、表面的には結婚を望んでいるけれど、心の奥底にある結婚に対する恐れや抵抗が大きいため、不倫のほうが自分にとって都合がいい、というケース。

そのような場合は、もっと結婚に対して素直になる、素直に前向きに望む、結婚が怖くないという証拠を自分から探していくことが大事です。

また、恋愛はしたいけど、「本当は結婚も出産もしたくない」というのが本心で、相手に利用されているようで自分も利用している、というケースもあります。

その場合は、結婚も出産もしなくてはいけないもの、しなくては幸せになれないものではないので、自分にとっても相手にとっても、不倫は悪いものではないかもしれません。

ただし、相手の家庭に踏み込まないというような自制やルールは必要になってくる

かと思います。

何かを壊したり、奪おうとすると、必ず奪われるような現実を引き寄せてしまいます。奪わなくても、与え合うことでみんな幸せになれる、というのが宇宙のルールです。

または、本当に愛し合い、結婚する人に出会う前に、あなた自身がやらなくてはいけないことがあるのかもしれません。だから、結婚につながる人と出会わないようにあなたの魂が仕向けているということもあります。

いろいろなケースがあり、一概には言えませんが、**とにかく大事なのは、その不倫から自分自身のことをもっと知ること、自分が何に気づくかということ**です。

そういう目で、一度自分の恋愛を見つめ直してみましょう。

最大のコツは「すぐに」引き寄せようとしないこと

◯物事にはベストなタイミングがある

すぐに彼氏がほしい、すぐに結婚したい。どうしても結婚したい。とにかくすぐに引き寄せたいのですが、どうすればいいですか、とこれまで何度も聞かれたことがあります。

引き寄せに、焦りは禁物です。焦っていると、もっと焦らなくてはいけない現実を引き寄せます。

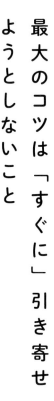

禅問答のようになってしまいますが、あなたが「すぐに」願いを引き寄せられるのは、あなたが「すぐに」引き寄せようとしていないときです。

すぐに引き寄せたい、と思わなくなるためには、今の生活を充実させていく必要があります。とにかく、**自分を自分で楽しむ、幸せにする。自分が幸せを誰かに委ねない、この基本姿勢が大事**です。

また、「どうしても結婚したい！」と願っている方は、先述の通り、なぜ結婚したいのか、深掘りしてみてください。

結婚に固執している状態は、結婚することによって自分を満たし幸せにしてもらおうとしている状態であり、結婚できなければ幸せでない、つまり今幸せでない、と宇宙に発信している状態なので、幸せでない現実を引き寄せてしまいます。

「どうしても」と思わなくなったら、引き寄せる準備が整います。

物事にはタイミングがあります。

恋愛や結婚には学びが隠されているということはこれまでもお伝えしましたが、**ほとんどの人はパートナーとの間での学びを必要としている（それが、効率的に学べる方法だからです）ので、時期が来ればちゃんと引き寄せられる**でしょう。

叶えたいのはよくわかりますが、それらを叶える方法は願いに執着して強く願ったり、叶えようと必死になったりすることではなく、素直に望んだあとは、流れに任せて感謝して手放し、日々目の前にある毎日を丁寧に楽しんで小さな幸せを感じながら過ごすことです。それが、願いが叶った状態に波動を合わせるということ。そうしていたら、自然と導かれて、ちゃんと願いは叶います。日々感じる気持ちを充実させることにより、必死で願わなくなったら願いは叶うのです。

これが、この世のカラクリであり、遠回りなようでいて、一番早く願いを叶える方法です。

○「今やりたいこと」をとにかくやる

結婚したいと言いつつ、本当は結婚を望んでいない場合、結婚を引き寄せられないのですが、本当の本当に結婚したいのに、なかなか結婚を引き寄せられない、という場合もあります。

それはどんなケースかというと、「結婚よりもやりたいことがある」というケース。

結婚したいというのも本心だけれど、それよりももっと叶えたい望みがある。

それが仕事なのか、海外に行きたいというようなことなのか、人それぞれですが、

結婚よりもやりたいことがあって、結婚した場合にその望みを叶えるのに邪魔になるような場合、結婚したいという気持ちに嘘がなかったとしても、無意識に結婚を後回しにしてしまうのです。

この場合、結婚を引き寄せられない、ということではなく、いずれは叶いますが、順番があるということです。出産についても同じです。

こういったケースの場合、とにかく、今やりたいことをどんどんやっていくしかありません。いずれ全部叶うので、結婚も出産もあきらめる必要はありません。**したいこと、ほしいもの、全部欲張っていいのですが、本心からの思いが反映されるので、結婚よりしたいことがあるなら、それをまず消化しなくては、次に進めません。**

年齢や世間や他人の目を気にして、無理に結婚しようと思っても、それはもうできない時代、自分には嘘をつけない時代に入ってきています。

嘘をつけばつくほど、結婚も遠のくし、結婚よりもやりたいこともできない。そうなりたくはありませんよね。

だから一番いいのは、まず、自分の心に従って、やりたいことをどんどんやっていくということ。その道の過程で、「この人だ！」という人に出会えるでしょう。

あなたが本当に結婚を望んでいるのなら、そして、あなたの人生に結婚が必要ならば、完璧なタイミングで出会いは訪れます。

そのタイミングは私たちのコントロールの範疇ではありません。

自分の心を深く深く知っていくと、だいたいこのくらいの時期にこんなことが起こるだろう、ということを感じ取ることもできますが、基本的に、神のみぞ知る、というところです。

みなさん、未来を細かく知りたがりますが、明日、誰に出会うか、何が起こるかなんて本当にわからないことなのです。今どれほど予想しても、ひとつの出会いによってそれが大きく変わってしまうことはよくあることですよね。

未来の中に幸せを探すのではなく、幸せがあるのは、あなたの目の前です。

あなたが目の前に幸せを見つけるたび、幸せな人生、あなたにとって最高の人生を引き寄せることができますよ。

第5章

「愛」を実現するパートナーシップ

つい尽くしていませんか？

◯自信のなさの裏返しのことが多い

パートナーが浮気を繰り返したり、ちゃんと働く気力がなかったり、お酒の失敗が多かったり、モラハラやDVなど、ダメ男ばかり引き寄せてしまうという場合。

どうしてみんなこうなんだろう……、そんなふうに、相手のほうへ意識が向きがちですが、ちょっと自分を振り返ってみてください。

「尽くす女」になっていないでしょうか？


尽くしたい、または、尽くさないと愛してもらえないと思い込んでいるから尽くしてしまう、母性本能が大きすぎてなんでもやってあげてしまう、というような場合、「尽

くしたい」「やってあげたい」という願いを叶えるために、付き合う男性はどんどん「ダメ男」になっていきます。

彼が「ダメ男」になることで、あなたはもっともっと彼にいろいろとやってあげることができたり、尽くすことで彼の愛情を引こうとすることができるわけです。

私の場合、愛情を得るためにではないのですが、第1章でお話ししたように、元夫は私が仕事に夢中になればなるほど、自分は稼がなくてもいいと思うようになっていきました。

本当に、あなたの願いは叶うようにこの世界はできているのです。そして、パートナーシップというのは常にそうしたバランスの上に成り立っています。

この流れを断ち切る方法はただひとつ。「尽くす女」「やってあげる女」をやめることです。

尽くすこと＝愛情の深さではありません。私自身も過去そうでしたが、尽くしてしまう、やってあげてしまうというのは、自信のなさの裏返しであることが多いでしょう。

○小さなことからお願いしてみる

しっかりしたできる女性ほど、人間としてちゃんとしなければいけない、という思いからなんでもかんでも自分ひとりでやろうとして、できる自分でいたいがために、相手は「ダメ男」になってしまう、という場合もあります。

ダメ男を引き寄せなくなるには、まず「自分でやらなければいけない」「やってあげなければいけない」「彼は私がいないとダメ」「できる自分でないと愛されない」などの考え方をやめましょう。

そして、小さなことからお願いしてみるなど、できるところからでかまわないので、パートナーに頼ってみてください。パートナーが自分のために何かしてくれたときには、思いきり感謝しましょう。

男性は、誰かのために何かをして喜ばせることでどんどん成長し、逆に女性は男性に自分の要求を満たしてもらうことで、二人の間にいいエネルギーの循環が生まれていきます。

そうしていくと、彼が頼れる男性に変わっていくか、あなたがあなたのままでも頼れる男性に出会えるでしょう。

また、DVなど、さらにひどい状態のときは、あなた自身が自分を虐めすぎている、自分を徹底的に否定しているのが原因のことが多いものです。

そのような場合は、まずその男性から離れ、とにかく自分を労って、自分に優しくする、そして、自分のいいところを数えあげて褒め続けて、自分を愛してください。

自分を立て直さないかぎり、彼が変わっていくことはないので、彼を変えようとするのではなく、自分に優しくするようにしていきましょう。

彼の浮気、束縛……どうすればいい？

◯自分と向き合うことでしか解決しない

「信じていた彼が浮気していて、とてもショック！　これも私が引き寄せているんですか？」というご相談を受けることもあります。

「目の前の現実は全部自分が引き寄せています、すべて望んだ通りになっているんですよ」と言うと、自分にとってショックなことが起こっている場合は、「いや、そんなはずは絶対にない！」と誰もが思いますよね。

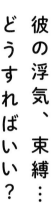

でも、自覚があろうとなかろうと、全部自分で引き寄せています。

彼氏に浮気されたとき、彼を問い詰めたり、浮気相手を探ったり、自分の外側のことに働きかけてなんとかしようと思うかもしれません。でも、自分に向き合うことでしか、解決しないのです。引き寄せているのは自分なのですから。

「彼氏の浮気」という現実を引き寄せた理由は、次のどれか、または複数でしょう。

・彼との関係がとにかく不安で、疑いばかり。だから、もっと疑ったり不安になるような状況を引き寄せている
・自分に自信がなさすぎて、彼にはもっと素敵な女性のほうが似合っていると本心から思っているので、その通りになっている
・自分を大切にしていないので、彼に大切に扱われない現実を引き寄せている
・過去の経験から、男性は浮気するものだと深く信じているので、その通りになっている
・彼のことをすで好きではなくなっているけど、惰性で付き合っている。心の奥ではもう別れたいと思っているので、別れるのに都合の良い現実を引き寄せている
・彼に本当は満足していない。心の底では自分も浮気したいと思っていて、その願いを彼が見せてくれている
・彼は魂の相手ではないので、魂が別れたほうがいい、とお知らせしてくれている

自分の内側を見つめて、自分の本当の心を深く探ってみてください。

すると、**「本当に私が引き寄せていたんだ」**という気づきがあるでしょう。

自分がこの現実を引き寄せている理由がわかったら、次に**「自分は彼との関係をどうしたいのか」**に向き合いましょう。


彼のことが心から好きだけど、不安や自信のなさから浮気を引き寄せていたのなら、まずは自信を取り戻さなくてはいけません。

これまでに何度もお伝えしてきましたが、幸せを彼に委ねるのではなく、自分を自分で幸せにすること。そして、自分自身の道を確立していくこと。その上で恋愛すれば、浮気を引き寄せることはありません。

また、**男性は浮気するものという思い込みを持ってしまっているなら、過去は過去として切り離し、今自分の思いを変えれば現実は変わるということを思い出し、もう一度男性を信じてみましょう。**

そして、「もう彼のことをそんなに必要としていなかった」と気づいた人は、執着せずにさっぱりお別れのときが来たということです。

○いつでも別れる権利はある

逆に、彼の束縛に困っている場合もあるでしょう。

彼に「今何している?」「誰と一緒にいるの?」と、いつも行動をチェックされたり、飲み会に行ってはいけないと言われたり、束縛されたりするのがつらい、という人もいるかもしれません。

その場合ももちろん、**自分が無意識に彼の束縛を引き寄せている**のです。

ここで、「彼女なのだから彼氏の望むようにしなければ」「自分が我慢すればすべては丸く収まる」などと思うと、事態はますます悪化します。

まず、どうして自分はそれを引き寄せてしまっているのか、考えていきましょう。

考えられる理由としては、自分は自由にしてはいけないと強く思っていたり、いつも自分に我慢させていたりするということ。

それは、行動面でも精神面でも両方の意味をふくみます。自分自身に自由を与えていないから、ますます自由にできない状態を引き寄せてしまうのです。

もしかしたら、小さい頃から両親が厳しくて、そういう思い込みが育ってしまったのかもしれません。

浮気と束縛……現象としては真逆のことが起きていますが、両方とも根本にあるのは、「自分を大切にしていない」ということです。

たとえば、父親がとても力を持っていて母親はいつも我慢していた、というような家庭に育った場合、男性とは女性を縛りつけるもの、という信念が育ってしまい、それが現実に現れているというケースもあります。

いずれにせよ、自分自身を制限してしまっているのです。

もうひとつ考えられるのは、自分の心が彼からすでに離れていて、そのことに罪悪感を感じている場合。**自分が罪悪感を感じているから、彼氏の束縛によってもっと罪悪感を感じるといった状況を引き寄せている**わけです。

付き合っているからと言って、一生愛し続けなければいけないわけではありません。心が離れてしまうことはある意味しかたのないことです。

無理に好きでいることはできないし、罪悪感を持つ必要もありません。自分の正直な気持ちを彼に伝え、次のステップへ進むことが大事です。

誰かと付き合っていればいろいろなことが起こるでしょう。でも、どんなことが起こったとしても、相手や状況を変えようとしても、変わりません。

「どうしてこの現象を引き寄せているのだろう？」「自分の中に何があるのだろう？」と自分の内側を見つめましょう。そして、自分自身を大切に愛してあげること。それ以外に現実を変える方法はありません。

彼のことが気になってしかたがない！

○本音は「とにかく不安」

「彼の周りにいる女性の存在がとにかく気になります。彼氏を自分ひとりで独占したいのですが、こういう願いも叶えられますか？」というご相談をいただくことがあります。

このような話を聞くと、本当に彼と良い関係を築きたいと思っているのかな、とかなり疑問に思います。

ちょっとした束縛なら、刺激になっていいかもしれませんが、**過度に独占されて嬉しい人はいないし、それは「関係を壊したい」と言っているのと同じではないでしょうか？**

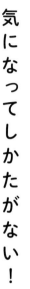

「彼氏のことを好きで好きでたまらない」と思っているかもしれませんが、好きだからというよりは、「不安で不安でしょうがない」から、このような望みが出てくるのだと思います。つまり執着です。

もしかしたら、過去に浮気されたなどの経験があって、彼氏を自分だけのものにしたい、と考えてしまうのかもしれませんね。でもちょっと考えてみてください。

もしあなたの彼氏が24時間あなたを監視していて、たとえ仕事であっても他の男性と一切の連絡だったり会うことを許さず、あなたをずっと束縛していたとしたらどうでしょうか？　そんな状態を望みますか？

逆に考えてみれば、この望みは愛ではなくて執着だとわかると思います。自分が嬉しくないことを相手がしてくるわけですから。

そして、この束縛が自分自身への自信のなさや不安から来ていることがよくわかります。愛なら心地いいものですが、不安や執着であれば、それは嫌な感じを受けるものです。

◎いつの間にか追いかける側に

はじめは彼に追われる恋愛だったのに、いつの間にか立場が逆転して、私が彼を追いかけている。連絡も激減し、会う回数も減り、本当に私のことが好きなのかさえわからなくなってしまい、不安で不安でしょうがない。

そういう場合もあるでしょう。

これは、すごくよくある話だと思いますが、「彼が変わってしまった」と思う方は、ちょっと自分を振り返ってみてください。

変わったのはあなたではありませんか?

あなたが変わらなければ、彼が変わるはずはないのです。目に見える現実は、すべてあなたの内面の反映なのですから。

彼に追いかけられてお付き合いが始まった当時は、あなたの幸せは彼に左右されていなかったはずです。

あなた自身が生き生きと輝いていて、だからこそ、そんなあなたに彼は惹かれて、お付き合いが始まったのでしょう。そのあと、あなたも彼が好きになり、そして彼に自分の幸せを委ねてしまったのではないでしょうか。

そう、彼が変わったのではなく、あなたが変わったのです。

思い返せば、たしかにはじめはそうだった、と心当たりがあるかもしれませんね。

彼は、自分に幸せを委ねていないあなた、自分自身で輝いているあなたが好きなのです。

こんなとき、彼を試すような行動に出たり、責めたりしたくなると思いますが、そんなことをすれば完全に逆効果。

変わってほしい、変えたいと思うほど、変えなければいけない現実、つまり、あなたにとって望ましくないことを引き寄せてしまうのですから。

変えるべきは彼ではなくて自分です。

恋愛も他のこともすべて、あなたがあなた自身でいる、あなたがあなたを幸せにしていればいるほどうまくいくもの。内面の幸せが、外側に現れるからです。

以前の関係に戻るためにすべきことは、彼のことがどうでもよくなるくらい、自分の人生に夢中になること。

彼を好きな気持ちは大事にして、でも彼を追いかけず、ただ見守るのです。そして、自分で自分を生き生きさせる、自分を幸せにすることに専念してください。

彼ももちろん大事だけど、彼がいなくても幸せだし、恋愛以外にも、人生には成長できる素晴らしいことがたくさんある、そのことに気づいてください。

幸せを自分以外の誰にも委ねない。その覚悟があれば、あなたは望み通りの最高の人生を引き寄せることができますよ。

そんなあなたが眩しくなって、彼はまた追いかけてくるでしょう。

◯安心な状態を自分でつくる

彼を独占したくなったり、追いかけたくなったり、いろいろなケースがありますが、何度もご説明している通り、不安や執着から何かをしようとすればするほど、望ましくない現実を引き寄せてしまいます。

今の自分と同じような状態のものごとを引き寄せてしまうのが、引き寄せの法則です。今不安で心がいっぱいになっているのであれば、不安になるような出来事が起こり続け、関係はどんどん悪くなっていきます。

不安が募ったときは、**「私の本当の望みはなんだろうか？」**と考えてみてください。彼があなたのことを愛しているとあなたが実感し、幸せを感じることができればいいのですよね。彼が他の女性と一切コンタクトを取らないということが望みではないはずです。あなたの望みは、彼を独占したいのではなく、彼と良い関係を築いていくことですよね？

良い関係を築いている自分はどんな感じでしょうか。いつも愛し愛されていると感じ、安心しているはずですね。

その「愛されている」「安心している」という状態を自分でつくっていくことが大事になっていきます。それには、自分が自分の良いところを自覚して愛することが不可欠です。自分のやりたいこと、興味があることに対して、行動を起こしていくことが大事になっていきます。

また、考え方を変えていくことで不安も減らせます。

多くの女性は、自分の彼氏が他の女性と接することで、彼氏がその女性のほうを向いてしまうのではないか、と不安になりますが、このように考えてみましょう。

「他の女性に接することで、また自分の良さを認識してもらえる」と。

それは他の女性が劣っていて自分が素晴らしい、という意味ではなく、他の女性には他の良さがあり、自分には自分の良さがある、とちゃんとわかっている、ということです。

自分ひとりの時間や彼がいないところで過ごす時間を充実させていきましょう。

不安を減らす考え方を自分から選択していきましょう。その時間を充実させることで、離れている間に彼の本当の大切さがわかるし、何よりも自分を人間として成長させることができるのです。

その結果、彼を必要以上に独占しようとか、追いかけようという気持ちが減り、彼ともより良い関係が築けることでしょう。

嫉妬心を手放すには、恋愛以外で「幸せな私を生きること」

○「私の幸せは、いつでも自分でつくり出せる」

どうして人は嫉妬してしまうのでしょうか？

嫉妬するのは、自分にはそれがない、自分がそれを手に入れられないことが前提になっているときです。だから、それを持っている人を見ると、嫉妬という感情が湧き上がるのです。

たとえば彼や旦那さんが他の女性と浮気していると知れば、猛烈な嫉妬の感情が湧き上がってくるケースがほとんどだと思いますが、それは、自分が愛されていないのに、別の人が愛されていると感じるからでしょう。

でも、「あなたが求めている愛も幸せも、あなた次第で手に入る」ということを知っていればどうでしょうか？

誰と一緒にいようとも、誰と一緒にいなくても、誰かが何かをくれなくても「私の幸せは、いつでも自分でつくり出せる」と知っていたらどうでしょうか？

そして、もし彼を失っても、すべてを失うわけではないし、復縁したいならできるし、彼にこだわらなくてももっと素敵な男性がちゃんと現れるということを知っていたらどうでしょうか？

あなたが本当に望むものはいつだって手に入るし、あなたの幸せは、ちゃんとあなたが創り出せるのです。**あなたの幸せは彼次第ではなく、あなた次第。**そのことが本当にわかるようになると、嫉妬心というのは減っていきます。

◯自然と彼との関係が良くなっていく

嫉妬心を手放す方法は、自分の人生も幸せも１００％自分次第だと理解すること。

そして、すべての人は持って生まれたものも、魂の目的もちがうということを理解することです。

そして繰り返し述べてきたように、**どんな状況でも、誰といても、自分が幸せに意識を向け、幸せを選んでいく**ことです。

そうすれば、嫉妬心から解放されて、あなたは本当の自由を獲得することができます。メールがなくても、なかなか会えなくても、自分の時間が楽しく充実して過ごせているので、彼に対してモヤモヤすることがなくなります。

彼のごきげんを取ったり、彼の言動におびえたりすることなく、嫉妬心から解放されてあなたは本当の自由を獲得するのです。

あなた自身が自分を幸せにできることを知っていれば、余裕があるので冷静に彼を見守ることができます。彼の心の状態や、忙しさを理解してあげられるので、自然と関係はよくなっていくでしょう。

逆に、嫉妬心に苛まれていると、彼の行動を監視しコントロールしようとしてしまうのではないでしょうか？

つまり、嫉妬をしても、彼との仲にとっても自分にとってもなんのいいこともないことを理解するのも大事です。

愛も幸せも、自分次第。自分の人生が幸せかどうか、それを自分以外の誰にも委ねず、私が私を幸せにするのです。それはあなた以外、他の誰にもできないこと。

嫉妬心から解放されるのに必要なのは、その覚悟です。

○「結婚＝勝ち組」は幻想

また、嫉妬心から友だちの結婚や出産を素直に喜べないというケースもあるかもしれません。けれども、もし周りに幸せな結婚や出産をしている友人が多いというなら、それはとてもいいサインです。

自分の波動とかけ離れた人をあなたは引き寄せることはありません。

つまり、あなたの波動も、幸せな結婚や出産へと近づいているということなのです。

そんなふうに考えていけば、ずっと気分が良くなるはずです。

子どもとの出会いも、結婚と同じくやはり縁です。

子どもを持つ、持たないも決めてきており、あなたが心から子どもがほしいと思っ

ているなら、いずれそのタイミングは来ます。ただし、親からのプレッシャーや、子どもを持たないと一人前に思われない、などの不安から子どもがほしいのであれば、本当に望んでいないということになります。

前提として強くお伝えしたいのは、結婚していないからとか、子どもがいないからといって、人として、そして女性として劣っているということは決してないということです。

結婚しているか、子どもがいるかどうかと、あなたの価値はまったくの無関係。

そして、結婚や出産をしたら幸せでもないし、していないから不幸ということもありません。

最初にもお伝えしましたが、結婚と幸せはまったくの無関係です。

結婚する前は、なかなかこのことがわからないかもしれません。でも、結婚している人も、結婚していない人と同じように、日々いいこともあれば悩みもあるのです。

結婚は、他人と夫婦になり、家族を営むための制度であり、それ以上でもそれ以下でもありません。

そして、結婚はゴールでもありません。ゴールどころか、魂の学びのスタートなのです。

結婚を選ばない魂というのは、他人と一緒に生きて行くことで起こる摩擦を経験する必要のない、進化した魂なのかもしれないとも思います（もちろん、その場合でも別の学びはあるとは思いますが……）。

あなたが結婚している人を妬んだり、羨んだりしてしまうのは、あなたの中に「結婚＝幸せ」とか、少し古い表現ですが、「結婚＝勝ち組」いう図式があるからで、それが幻想だとわかれば、妬みも羨望も消えていくでしょう。

結婚するかしないかは、どちらがいい、どちらが勝っている、ということはありません。単に、自分が本当に結婚を望むか望まないか、それだけで決めればいいことなのです。正解は、自分の中にしかありません。

二人の男性で迷うとき

○新しい出会いが訪れたとたん、元カレから連絡

彼と別れてしばらく経って、「新しい人とデートをしよう」「新しい恋が始まるかも？」というようなタイミングで、決まって別れた元カレから連絡が来る、というような経験をしたことのある人は多いかもしれません。

元カレから連絡が来ることや関係が復活することを望んではいなかったかもしれないし、意図的に引き寄せようとは思っていなかったと思います。

でも、これも、あなたの波動の状態によって引き寄せているのです。

どうしてこういうことが起こるのかと言うと、元カレだったということは、少なからず、良い感情を抱いていた時期があったはず。

素直に良い感情を持っていれば、それが引き寄せられてくるのが引き寄せの法則です。

でも、別れたということは、その少し前あたりから、何かしらの悪い感情ももちろんありますよね。そして、悪い感情が良い感情を上回った頃に、別れることになったと思います。

そのように、その彼に対して、悪い感情のほうが良い感情より大きくなっている、彼を本当に不必要だと思っているときは引き寄せません。

でも、あなたが新しい恋に目を向けたときに、この悪い感情をしばしの間忘れたり、意識が向かなくなります。そうすると、良い感情のほうだけが残って、その元カレを引き寄せる状態になります。

とは言っても、自分から別れた場合など、もうきっぱりと元カレに対して感情の整理がついていて、「もうこの人は私の人生には必要ありません」ということをはっきりと決めていれば、引き寄せることはありません。

たいていの場合、まだ良い感情や未練が残っていて、でも、いろいろあって悪い感情のほうが大きくなって別れたという場合、元カレを引き寄せやすくなります。

これが、新しい恋が始まりそうなときに元カレを引き寄せる仕組みです。

引き寄せの法則は、正確に働きます。

◯今の彼に決めきれていない

また、結婚が決まりそうな時期に、元カレや別の彼が登場することもあります。

どうしてそのような状況を引き寄せてしまったのでしょうか?

それはひとつに、「今の彼に決めきれていないから他の人が現れる」ということが言えると思います。

今の彼と結婚を考えていながらも、心のどこかで**「この人で本当にいいのかな?」**という思いがあるのではないでしょうか?

その思いを反映して、現実がつくられているのです。現実に現れることは、すべて心の中にあることであり、自分自身の望み(思い)は常に叶うようになっています。

そして、このような状況になったときに、「どちらを選んだほうがいいのだろう?」

「どちらが幸せになれるのだろう?」と考えてしまいがちですが……どちらを選んでも実は同じです。どちらを選んでも、幸せにも不幸にもなれるのですから。なぜなら、幸せも不幸もすべて自分次第だからです。

「どちらを選んだら幸せになれるだろう」と考えているということは、つまり、相手によって幸せが左右されるということ。そう考えているかぎり、どちらを選んだとしても幸せな未来が待っているとは言えません。

幸せを決めるのはあなたです。

もしどちらかを選ばないといけないとしたら、条件や世間体や相手がどうなのかではなく、「私はどちらのほうを愛しているのだろう?」と自分の気持ちに向き合ってください。

相手がどうこう、ではなく、自分自身の考えで決めたことであれば、その結果がどうであろうと、自分自身にとって必要なことであり、必要で最善なことだったと、あとでちゃんと理解できるときが来ます。

このような状況のとき、誰でも迷うし、悩むと思います。でも実は、「迷う」ということは、実はどちらでもないし、どちらでもいいということなのです。というのも、もしあなたが魂で決めてきた相手に出会い、それを感じ取っていたなら、迷うことはなくなるからです。

「どちらかにしなくてはいけない」「早く決めなくては」と気負わず、どちらもいい面を見ながら、ほど良くお付き合いをして、心が決まるときを待てばいいのではないでしょうか。

まだ結婚しているわけではないのですから、ひとりだけにしなくてはいけないわけではないし、いろいろな人をよく見る期間というのも大事です。

この出来事を、自分はどういう人とお付き合いしたいのか、どういう人と人生を共にしたいのかをじっくり考える、自分をより深く知っていく機会にしてください。

そうして、もっと自分を知ることができれば、自然と「この人だ」と迷いなく決めることができる瞬間が来るかもしれませんし、別の第三者が現れて電撃結婚ということになるかもしれませんよ。

○問題から逃げていても、また同じことが起きる

結婚しているけれど、旦那さんとの間に問題があったり冷めたりして、不倫をしている……という場合もあるでしょう。

この場合、**「今、結婚生活が幸せじゃないから、彼と幸せになりたい」**と思って、不倫に走ってしまっていることが多いと思います。そして、見ているのは彼のほうばかりで、結婚生活の問題からは逃げていると思いますが、その状態では、たとえ離婚して再婚したとしても、また顔が違うだけで同じような人を引き寄せて、同じような問題が起こるでしょう。

自分自身が変わらなければ、起こることはいつまでたっても同じです。

「今の結婚生活の問題から自分は何を学ぶのか」、そこに目を向けていくことが大事です。

基本、結婚というのはお互いが好きだからするものですが、もしそれだけが理由な

ら、どんな結婚にも何の問題もないはずです。しかし、実際はそうではありませんよね。むしろ問題のない夫婦のほうが珍しいでしょう。

では、結婚とはなんなのか？

それは、「魂の縁のあるソウルメイトのひとりと、お互いが学び合うため、成長し合うためにするもの」であることはすでにお伝えしました。だからこそ、いいことばかりではなく、大変なことも起こるようになっているのです。

今結婚している人は、相手と縁があるからそうなっているのであり、自分を成長させる学びがあるから、一緒にいるのです。

どうして結婚するのか、どうして結婚生活で問題が起きるのか、それは、より自分自身を知るためであり、学んでいくためなのです。

結婚生活に不満があって不倫している場合、不倫相手の彼や、離婚した先にあるであろう新しい生活ばかりに意識が向き、「その彼とどうなりたいか」ばかり考えてしまう人が多いと思います。

しかしまずは、**「旦那さんとの関係をどうするのか」「自分はどうしたいのか」**というところに取り組むことが大事です。

○不倫相手の登場は魂からのサイン

不倫相手の彼が現れたのは、「旦那さんとの関係をちゃんと考えないといけない時期に来ていますよ」という魂からのお知らせの場合もあります。

だから、現実逃避して彼に逃げようと思っても、そうはいきません。

たとえできたとしても、逃げた先で同じような問題を引き寄せるでしょう。

ちゃんと学びを終えていないと、必ずそうなるのです。

どうして、その問題を引き寄せてしまっているのか、自分の中に何があるのか、今の旦那さんと結婚したのはどうしてなのか、どう自分が変わればいいのか、そこにちゃんと自分で向き合いましょう。

その上で、旦那さんとの関係をやり直すのか、離婚を選ぶのか、それは、どちらがいいということはなく、決めるのは自分です。

離婚するかどうかは、そもそも経済的なことなど何らかの条件で結婚したのではないか、旦那さんを心から愛しているのかどうか、自分の人生を輝かせるために、旦那さんは必要な存在なのか、そういう視点で決めるといいと思います。

どちらにせよ、現状に不満がある状態で不倫に走っても、間違いなく良い結果は招きません。

今まず幸せになる。それがどんなときでも、幸せな人生を引き寄せる基本です。

第4章で、必ずしも不倫＝悪ではないし、その愛が本物であれば、愛を抑える必要もないし、最善の形に収まる、とお伝えしました。

このように書くと、奥さんの立場にある人からすれば不安になってしまうかもしれませんが、その必要はありません。

なぜならこの法則は、奥さんの立場からしても、同じように働くからです。

つまり、**あなたの立場に関係なく、あなたの愛が本物でありさえすれば、あなたは愛を引き寄せ続けます。**

あなたが旦那さんに対し、心からの愛を抱いているのであれば、旦那さんとの愛が壊れるような現実を引き寄せるはずはありません。もし、あなたと旦那さんの間に亀裂が入るようなことを引き寄せているとすれば、それはあなた自身の旦那さんへの愛がぐらついているときです。他の人は、あなたの現実の原因には絶対になりません。

すべては、自分自身にかかっています。

いつでも、誰でも、どんな立場であっても、「あなたの愛は本物ですか？」と問われている、そう思ってください。

「結婚というステータスや奥さんという立場にあぐらをかかず、いつでも自分で自分を幸せにし、自分を高めていますか？　自分にも旦那さんにも愛を注いでいますか？」という問いに、自信を持ってＹＥＳと答えられるのであれば、なんの心配もいりません。

◎幸せにあぐらをかかない

世間では不倫のニュースが溢れているし、浮気した、されたなどは身の回りでもよく聞く話かと思います。

では、どうして世の中に不倫や浮気が多いのかと言うと、多くの結婚生活が愛ではなく、損得勘定で成り立っている部分が大きいからです。

もちろん、はじめは愛があったかもしれませんし、結婚生活が長くなったとしても愛がまったくなくなるわけではないかもしれません。

でも、結婚生活の主な意味が、お金のため、子どものため、生活のため、世間体のためなど、愛以外のところで成り立ってしまっているというケースはとても多いのではないかと思います。

それが悪いということではなく、社会生活を営む上で必要なことですし、すべては経験なのですが、夫婦生活の中でお互いへ抱いている愛の純度が落ちていけばいくほど、引き寄せる現実においても、愛を感じられないものになっていくのはいたしかたありません。

あなたが発しているものを受け取る、それが法則だからです。

いろいろなケースを実際に見たり聞いたりして思うのは、**不倫や浮気をふくめ、夫婦関係が離れていく場合は、夫婦関係が愛からのつながりではなくなった、または、**

魂からのつながりではあるけれども、そのつながりの中でひとつの学びが終わった、という魂からのお知らせのことが多いのです。

いずれにせよ、あなたが旦那さんを心から愛していて、当たり前に与えられているものにあぐらをかかず、結婚という契約に頼るのではなく、旦那さんや家族への愛や感謝を忘れず、日々前向きに幸せに生きているのであれば、夫婦関係に関して心配はいりません。

あなたが愛するかぎり、ちゃんと愛が返ってくるのですから。

パートナーに変わってほしい！

○夫の浪費グセを直すには？

私ばっかり家事をしてる。彼にも手伝ってほしい！
彼は自分のものは高いものを買って、私には何も買ってくれない……。
彼の浮気性を直したい！

パートナーとしての期間が長くなると、いろいろと相手の粗が見えてくることもあるでしょう。

現実は自分の心の鏡です。パートナー、とくに配偶者はとても近い存在ゆえ、それが色濃く現れます。

夫が生活費を入れてくれない上に、夫だけほしいものを買いまくる……こんなことがあったらどうしますか？

なんとか浪費をやめるよう説得したり、あの手この手で働きかけたりするのが普通だと思います。

でも、これまでも何度も説明してきましたが、現実を変えたければ、相手を変えようとしても無駄なのです。説得しても、一時的にはおさまるかもしれませんが、また同じことの繰り返しになるでしょう。相手を変えようとするかぎり、「変えなければいけない困った現実」を引き寄せるからです。

旦那さんに浪費グセがある場合、旦那さんのお金遣いが荒い＝あなたのお金遣いが荒い、という意味ではなく、旦那さんはあなたの心の奥にある、あなたの願いを叶えてくれているのです。

願いを叶えてくれているってどういうこと？　夫がお金を使ってしまうなんてこと望んでいない！と思うかもしれませんが、そういうことではありません。

「節約しなければいけない」「節約しなくては生活が大変だ」「入ってくる収入が少な

い」などの思いを持っている場合、「節約しなければいけない」＝「節約したい」という望みを放っていることになるのです。

自分の望みは常に叶うので、旦那さんがせっせと浪費してくれて、妻は「節約しなければいけない」という思い通りの現実を引き寄せていきます。

どうでしょうか？　ちゃんと、「節約したい」という願いが叶っているでしょう？

そう、旦那さんの浪費の原因はあなただったのです。

だとしたら、自分自身を変えていくしかありません。

「いや、だって、悪いのは夫でしょ？　なんで私が変わらなきゃいけないの？」

そう思う気持ちはよーくわかります。しかし、相手や現実を変えたければ自分が変わるしかない、というのがこの世のルールですので、ぐっと堪えましょう。

いい・悪いで判断していては何も変わらず、自分のストレスが増えるばかりで、何もいいことがありません。

また、パートナーは、自分の願望を見せてくれているとも言えます。

夫に浪費グセがある場合、妻の本音は「もっと好きなものを買いたい」「もっと自由にお金を使いたい」といったことだったりします。

その抑え込んだ願望を、夫が見せてくれているわけです。

つまり、**夫が浪費して困る、という現実を変えたいのであれば、妻自身が自分のほしいもの、必要なもの、好きなものを買うこと。そして、「節約しなければいけない」という思いを、「必要なお金は必要なときにちゃんと入る」というものに変えていく**ことなのです。

○自分のほしいものを買う

収入の範囲を超えてまで、なんでも好きなものを買いなさいということではありません。でも、節約しなければ、我慢しなければ、という思いはいったん横に置いておいて、ひと月に1個でもいいので、これまで買おうと思っていたけれど躊躇していたものを買ってみましょう。

「節約」ではなく、可能な範囲で「ほしいものを買う」ことに意識を向け始めると、だんだんと「ほしいものを買える現実」を引き寄せていきます。意識を向けたものを引き寄せる、それが引き寄せの法則です。

そして、本当に不思議ですが、**自分のほしいものを買うにつれて、旦那さんの浪費はおさまります**。夫に浪費グセがある、という方は試してみてくださいね。

他にも、たとえば、パートナーが仕事ばかりで家庭を顧みてくれないとか、逆にパートナーが働かなくて困っている、パートナーが高圧的で自分を支配しようとしてくるのでつらいなど、そうしたとき、どうしてもその人を変えたい、その人をどうにかしたい、と思ってしまいますよね。

たとえばもし、あなたのパートナーがいつも怒っていて、あなたを支配してくるような人だとしたら、あなたの中に、自分は怒られて当然のダメな存在で、自分をコントロールしてくれる人の存在を必要としている、という意識があるか、あなた自身が内側に怒りを溜め込んでしまっているよ、というお知らせかどちらかです。

◯相手の言動に自分を知るヒントが

パートナーが働かないとしたら、あなた自身ががんばらなくてはいけない、がんばらない自分には価値がないという意識があるということ。あなたの、そのがんばりたいという願いを、相手が叶えてくれているのです（第1章で、私自身の経験としてお伝えした通りです）。

パートナーが仕事ばかりで家庭を顧みないとしたら、家庭は女性が守らなくてはいけない、家庭は自分がなんとかしなくてはいけない、と思い込んでしまっていると考えられます。

または、自分も心の奥底ではバリバリ働きたいと思っているのかもしれません。

パートナーが嘘をつくので信用できなくなった、というのであれば、自分が自分自身に嘘をついているのではないかと考えてみてください。

もし、パートナーがとても否定してきて、それがつらいのであれば、自分が自分自身を否定していないか、そして、自分自身を認めていくためにはどうすればいいのか

第5章

「愛」を実現する
パートナーシップ

向き合っていくことが必要になってきます。

相手の言動を冷静にじっと観察していると、自分の内面に何があるのか見えてきます。**大事なのは相手を変えようとすることではなく、相手の言動から、自分自身をより深く知っていくこと。そして、不必要な思いを持っているなら、それを変えていくこと**です。

相手を変えようとしても絶対に変わりません。

相手を変えたいというあなたの望みがそのまま叶い、変えなければいけないような相手を引き寄せ続けるからです。

自分自身の中で気づきが起これば、相手は変わります。

そして、自分自身が変わったなら、あなたはひとつ学びを終えたということです。

結婚相手との間で起こる学びというのは、その人にとって必要なことが起こるので、どんな学びが起きるかは一概に言えませんし、自分で気づいていくしかないものです。

けれども、そのヒントとしては、**両親に愛されるために身につけてしまった性質や価値観に気づいて、それを削ぎ落として、自分自身に戻る**ということがあります。

私自身、がんばれば愛される、立派であれば愛される、いい子でいれば愛される、というような観念を無意識のうちに身につけてしまっていたのですが、そうしなくても愛される、ただ自分自身でいれば愛されるというところへ還るための学びが起きました。

いろいろなケースがありますが、**「不要な思い込みに気づいて捨て去る」「自分の可能性に気づく」「ありのままの自分に還る」**、そのような学びを、私たちはパートナーとの間でいつもしているのです。

何か問題が起こっても、学びだと考え始めることで、気づきがあることでしょう。

そして、あなたが必要なことに気づけば、事態は必ず好転していきます。

現実を変えたいなら、まず変わるのはあなた自身です。

ネガティブな出来事だったとしても、それは何かに気づくチャンス！

こう捉えて人生を好転させていきましょう。

学びが終了すると、別れが訪れることもある

○決めきれないうちは、まだタイミングではない

「離婚したい……」と言いつつ、なかなか別れられない人は多いのですが、そういう人も、自分自身により深く気づいていくことで、パートナーとの関係が変わっていきます。

すんなりと離婚できることもあれば、離婚したいという思いそのものがただの逃げだったということに気づくこともあります。

離婚したほうがいいのか、しないほうがいいのかという相談を受けることもありますが、どちらがいいかではなく、自分が学ぶことさえ学べば、その関係性は自然と変わっていきます。

パートナーとの間に何か問題があるとき、その問題を修復してパートナーとうまくやっていきたい場合も、別れたい場合も、どちらもまずは、自分の中の何が相手をそうさせているのか、ということに気づくこと。

結婚生活で問題があるとき、まずは、**「このパートナーは自分に何を教えようとしているのか？　この出来事から自分は何を学ばなくてはいけないのか？」**という視点を忘れないようにしてみてください。

その人と続けてやっていくか別れるか、どちらが幸せなのか、どちらが得なのか、ということではなく、自分がその関係からどう学ぶか、ということが大事です。

また、決めきれないうちは、まだタイミングではないということです。

また、**別れたいけど別れられないのは、あなたの心の奥の本当の気持ちでは、別れたくない、と思っているということ**でもあります。

とくに結婚している場合、別れたいという思いより、たとえば経済的に今より暮らしの質を落としたくない（だから別れたくない）という思いのほうが強い、というようなことが多いのです。

いつでも、本心の中で大きいほうの願いがちゃんと叶うようになっているのです。

あなたさえ、本当に別れると決めていれば、別れることができますが、あなたに迷いがある場合、ずるずるとお互いにとってよくない関係が続いてしまいます。

このように、別れたいけど別れられない、というような場合でも、相手との時間の中で学んだこと、相手に感謝できることに目を向けるようにすれば、良い方向へ向かっていきます。

◯今後の人間関係に良い影響も

パートナーとの間での学びに気づいたところで、そのパートナーとそのままやっていくことになるかもしれないし、その人との学びは終了したら感謝してお別れということになることもあり得ます。

ひとりの人と長く関係を続けるということは素敵なことですが、それが必ずしもいいことかというのはケースバイケースです。

そして、ひとつの学びが終わった場合ですが、たとえ相手との関係が良好だとしても別れる、ということもあり得ます。もちろん、そのまま関係がずっと続いて添い遂げる、ということもあり、つまり、学びがちゃんと終わっていたら、「一緒にいるか別れるか」を選べるステージに入るようになるということなのです。

愛や結婚に魂のテーマがある場合は、別れて次の学び、となる場合が多いです（私自身もそれに当てはまります）。

そしてもし別れる場合でも、学びが終了していればすんなり別れられるし、感謝で相手にさようならができます。

もし学びが終わってなかったとしたら、たとえば離婚するのにものすごく揉めて長引いてなかなか離婚できない、などの状況を引き寄せます。

つまり、**別れたくてもなかなか進まない、という場合は、そこにまだ何か気づかなくてはいけない何かがありますよ、というサイン**なのです。

もし、別れられたとしても、恨み辛みで別れることになるでしょう。

一度はお互い好きになって、結婚までした人です。

どんなに嫌になってしまっているパートナーでも、結婚したということは魂の結びつきはとても深いことは間違いありません。

魂の時点で、お互いの魂を磨くために出会おうと決めて、そしてこの現実世界でも出会ったソウルメイトのひとりなのです。

パートナーは悪役を買って出て、あなたにとって大事な何かを気づかせようとしてくれているのですから。

嫌な思い出として終わるより、学びのひとつとして別れることができれば、今後の人間関係にも良い影響を及ぼしていくでしょう。

「世間の常識」よりも大切なもの

○私らしい道を選択する

結婚や出産はいいこと、離婚や不倫は悪いこと……。世の中には良い・悪いのジャッジが溢れているように感じます。でも、本当に必要なことは、世間の基準に合わせることではなく、あなたの魂に合わせることなのです。

結婚＝幸せではないのと同様に、離婚＝不幸でもありません。

好きで結婚したはずなのに、結婚後にさまざまな不和が起こることもありますし、相手の一面がどうしても受け入れられない、結婚したあと、お互いの関係性がガラッと変わってしまった、今はほとんど会話もない、などというケースもあるでしょう。

私の知るかぎりでも、とくに日本では仮面夫婦のようになってしまっている夫婦はとても多いと感じます（国にもよりますが、外国の場合、お互いの気持ちが離れればスパッと離婚するケースが多く、経済的な理由や子どもを理由にして我慢して関係を続ける、ということが少ないため、日本は多いと感じるのかもしれません）。

パートナーシップに悩んでいる方にまずお伝えしたいのは、**魂の視点からすると、別れたり、離婚したりすることは、まったく悪いものではありません。**

もし離婚することになったとしても、罪悪感は抱かなくていいのです。

離婚することによって、自分の本当に進みたい道に進めた、自分が本当にやらなくてはいけないことに向き合えた、というようなことはよくあることです。

離婚するということも、魂の設定としてそもそも組み込まれていて避けられないということもあり得ます。

たとえば、あなたの今世のテーマのひとつに、「自立する」ということがあったとします。その場合、まずは結婚して、経済的もしくは精神的、またはその両方でパートナーを頼った生活をし、その後そこで何か問題が起きることで離婚することになり、その結果、自立して自分で生きていくことを学ぶという流れにそもそもなっているということもあります。

ただし、離婚は悪いことではまったくありませんが、パートナーとの結婚生活において、問題があればすぐに離婚したほうがいいということではもちろんありません。

結婚は、その人の魂にとって大事な結びつきや学びがあるからこそするもの。

その学びが終わっていなければ、離婚したとしても、相手が変わるだけで同じような状況を引き寄せて、同じような悩みが繰り返されるだけだということはお伝えした通りです。

とにかく大事なことは、世間の基準や常識に照らし合わせて自分の行動を決めないこと。**自分の魂が成長するかどうかで決める**ことです。

誰も、あなたの結婚にも離婚にも責任をとってくれることはありません。あなた自身が納得のいくように、そして成長できるように決めればいいことなのです。

あなたらしい、あなただけの道を選択していきましょう。

○おわりに

ここまでお読みくださりありがとうございました。

最後にみなさんに伝えたいこと、それは、とにかく、そのままのあなた自身を愛してくれる人は必ず存在するということです。


そして、みんな持って生まれた望みも、生まれてきた目的もちがうということ。

そう、向かっている場所がちがうんです。だから、どんなことであっても人と比べることは無意味ですし、焦る必要はないということ。

彼氏がいようがいまいが、結婚していようがいまいが、子どもがいようがいまいが、離婚しようがしまいが、本当にどっちでもいいことであり、どちらを選択するか、どちらが幸せなんて、自分以外の誰も決められることではないのです。

幸せは、毎日の生活の中、目の前の現実の中に自分自身が見つけていくものなので、どんな状況にあっても幸せになれない人はいません。

日本ではとくに、結婚や出産について、いい・悪いで判断しがちですし、みんなが同じところを目指さなくてはいけないプレッシャーがやはりあると思います。

しかし、私たちは、恋愛、そして結婚や出産をするために生きているわけではなく、「自分自身の魂を実現するため」に生きています。

そして、魂が描いているものは本当にみなそれぞれ異なります。

恋愛・結婚・出産はある人にとっては大事なことかもしれませんが、ある人にとってはたいして重要でないことなのです。みんなちがっていて、それでいいのです。

恋人がいるからすごいわけでも、結婚したからいいわけでも、出産したからえらいわけでもありません。

そう理解した上で、あなたが心から望む人生を選び取っていきましょう。

他人を納得させるためではなく、世間的に勝ち組になるためでもなく、自分自身の人生を選んでいってください。

大丈夫、あなたが心から望むならばどんなことでも実現しますし、誰でも、パートナーシップの中で学びながら成長していけるのです。

最後に、前作からお世話になり、共に成長している、すばる舎の林えり様、また、この本の元になっています、ｗｉｔｈｏｎｌｉｎｅでの連載の機会を与えてくださった講談社の西村真紀様、そして、いつもブログや書籍を読んでくださっているみなさまに深く感謝いたします。

２０２０年７月　Ａｍｙ　Ｏｋｕｄａｉｒａ

〈著者紹介〉

Amy Okudaira　**奥平亜美衣**（おくだいら・あみい）

◇―1977年、兵庫県生まれ。お茶の水女子大学を卒業後、イギリス・ロンドンに約半年、インドネシア・バリに約4年滞在し、日本に帰国。ごく普通の会社員兼主婦生活を送っていたが、2010年に『アミ 小さな宇宙人』（徳間書店）に出会ったことで、スピリチュアルの世界に足を踏み入れる。その後、2012年に『サラとソロモン』（ナチュラルスピリット）に出会い、「引き寄せの法則」を知る。本の内容に従って、「いい気分を選択する」という引き寄せを実践したところ、現実が激変。その経験を伝えるべくブログを立ち上げたところ一気に評判となり、1年で書籍出版の夢を叶える。その後の書籍も次々とベストセラーとなり、累計部数は80万部に。2015年にバリに移住。現在は会社員の生活に終止符を打ち、執筆業を中心に活動中。2018年に離婚後、2020年にまた拠点を日本に移すことになり、新たなスタートを切った。本書は著者が自身の結婚および離婚の詳細について語った初めての本となる。「魂の望み」に従い、道を切り開いていく著者のライフスタイルは多くの支持を集め、国内外でのイベントは毎回満席になるなど、人気を博している。

◇―著書に『「引き寄せ」の教科書』（Clover出版）、『宇宙から突然、最高のパートナーが放り込まれる法則』（すばる舎）、『「魂の望み」を引き寄せる』（廣済堂出版）など多数。

オフィシャルブログ
https://lineblog.me/amyokudaira/

「魂の道」を行けば、ソウルメイトに必ず出会える

2020年7月15日　第1刷発行

著　者――― Amy Okudaira（奥平亜美衣）

発行者―――徳留慶太郎

発行所―――株式会社すばる舎

東京都豊島区東池袋3-9-7 東池袋織本ビル　〒170-0013
TEL　03-3981-8651（代表）　03-3981-0767（営業部）
振替　00140-7-116563
http://www.subarusya.jp/

印　刷―――ベクトル印刷株式会社

ISBN978-4-7991-0908-3